wortstark 9

Werkstattheft mit Lernsoftware

Nordrhein-Westfalen · Grundausgabe

Schroedel

wortstark 9

Werkstattheft mit Lernsoftware
Nordrhein-Westfalen · Grundausgabe

Herausgegeben von August Busse und Ingrid Hintz

Erarbeitet von August Busse, Ingrid Hintz, Eleonore Preuß und Fritz Wiesmann

Textquellen: S. 6: Rainer Malkowski: Die Herkunft der Uhr. Aus: R. Malkowski. Die Herkunft der Uhr. Gedichte. München: Hanser 2004; **S. 8:** Robert Gernhardt: Alltag. Aus: R. Gernhardt. Wörtersee. Frankfurt a. M.: Zweitausendeins 1981. S. 308; **S. 9:** Bertolt Brecht: Ich habe gehört, ihr wollt nichts lernen. Aus: B. Brecht. Gesammelte Gedichte. Bd. 1. Frankfurt a. M.: Suhrkamp 1976. S. 385; **S. 10:** Rafik Schami: Das Meer. Aus: R. Schami. Eine Hand voller Sterne. Weinheim/Basel: Beltz 1987; **S. 12:** Franz Hohler: Die blaue Amsel. Aus: F. Hohler. Die blaue Amsel. München: Luchterhand 1995; **S. 13, 22, Lösungsteil S. 2:** Bertolt Brecht: Der hilflose Knabe. Aus: Gesammelte Werke. Bd. 12: Prosa 2. Werkausgabe edition suhrkamp. Frankfurt a. M.: Suhrkamp 1967. S. 297; **S. 14:** Kirsten Boie: Schließlich ist letztes Mal auch nichts passiert. Aus: Silvia Bartholl (Hrsg.). Texte dagegen. Weinheim/Basel: Beltz 1993; **S. 26:** www.mach-nicht-alles-kaputt.de; **S. 38:** Aus: Duden. Die deutsche Rechtschreibung. 23. Auflage. Mannheim: Bibliographisches Institut & F.A. Brockhaus 2004. S. 424f.; **S. 40:** 40-Jähriger nimmt nächtelang vom Auto Abschied. Aus: Anne und Ingo Reichardt (Hrsg.). Hund beißt Flugzeug. Essen: Stamm 2001. S. 64; **S. 70:** Muttersöhnchen. Aus: Der Spiegel 24/2005. S. 63; **S. 72:** Herausforderung demografischer Wandel. Aus: Shell Jugendstudie 2006. Hauptergebnisse. Demografischer Wandel. www.shell.com (Text leicht verändert); **S. 73:** Non-mediale-Freizeitaktivitäten 2007. Aus: JIM-Studie 2007. Hrsg. vom Medienpädagogischen Forschungsverbund Baden-Württemberg (LFK), Stuttgart; **S. 74:** Söhne verlassen das Elternhaus ..., Die erste Zigarette ..., Auszug aus der Pressebroschüre „Leben und Arbeiten in Deutschland – Ergebnisse des Mikro-zensus 2004", S. 29, S. 86, Statistisches Bundesamt, Wiesbaden; Die Deutschen haben immer früher ..., Bundeszentrale für gesundheitliche Aufklärung, Köln; Mediziner weisen seit mehreren Jahrzehnten ..., Bundesministerium für Familie, Senioren, Frauen und Jugend, Berlin; **S. 75:** Vereinsmitgliedschaft 2007. Aus: JIM-Studie 2007. A.a.O.; **S. 76:** Aktuelles Lexikon: Graffiti. Aus: Süddeutsche Zeitung vom 18./19.06.2005; Härtere Strafen für Graffiti-Sprayer. Aus: Spiegel online – 17.06.2005 (gekürzt); **S. 77:** Stephan Bretscher: Claudia, 16: Sprayen werde ich nie. Aus: Spick 248/August 2002. S. 9f. **S. 80:** Schüler setzen Grenzen. Pressemeldung des Ministeriums für Schule und Weiterbildung NRW vom 13.11.2007.

Bildquellen: S. 28: Ulrike Köcher, Hannover; **S. 30:** Mauritius/Kupka; **S. 36:** IFA-Bilderteam, Düsseldorf; **S. 65:** Ulutuncok/Laif; **S. 67:** Huber/Laif; **S. 76/2,3:** Susanne Behrens, Hannover; **S. 76/1,4, S. 77:** Losse, Hannover.

Nach gültiger Rechtschreibung 2006

Druck A [1] / Jahr 2008
Alle Drucke der Serie A sind im Unterricht parallel verwendbar.

Redaktion: Stefan Bicker
Herstellung: Ira Petersohn, Ellerbek/Hamburg
Illustrationen: Sabine Lochmann und Jaroslaw Schwarzstein
Umschlaggestaltung und Lay-out: Janssen Kahlert Design & Kommunikation, Hannover
Satz: KCS GmbH, Buchholz/Hamburg
Druck und Bindung: westermann druck GmbH, Braunschweig

ISBN 978-3-507-**48169**-5

INHALTSVERZEICHNIS

WERKSTATT Sprache

METHODEN LERNEN

Liebe Schülerin, lieber Schüler!

Während dieses und des nächsten Schuljahres wirst du dich im Unterricht und darüber hinaus unterschiedlichen Formen von schriftlichen Tests und Prüfungen stellen müssen, in denen auch deine Leistungsfähigkeit im Fach Deutsch überprüft wird.
Dieses Werkstattheft will dir auch dabei helfen, dich auf Tests und Prüfungen vorzubereiten, damit du sie erfolgreich bewältigen kannst. Dabei wurden die Aufgaben so gestellt, wie sie auch in Tests und Klassenarbeiten vorkommen können.
Bereite dich zielgerichtet und längerfristig auf die Prüfungen vor. Lasse dich dazu von deinen Lehrern beraten.
Erstelle dir für jede Prüfung einen genauen Arbeitsplan, in dem du festhältst, was du besonders üben und wiederholen willst (siehe unten). Nutze dazu auch die Angaben der Übersicht auf der folgenden Seite.

Wir wünschen dir viel Spaß und Lernerfolg mit dem „wortstark“-Werkstattheft!

Art der Prüfung: ______________________________

Zeitpunkt der Prüfung: ______________________________

Was will ich üben?	**Wo finde ich Übungen und Hilfen?**			**Wie teile ich mir die Zeit ein?**	
Der genaue Arbeitsauftrag: …	Übungen aus Schülerband 9, Seite …	Übungen aus Werkstattheft 9, Seite …	Übungen aus anderen Büchern und Arbeitshilfen	Bis wann?	Wann erledigt?

Sich auf Tests und Prüfungen vorbereiten

Auf diese Aufgaben bereitest du dich vor ...	im Werkstattheft 9:	und im Schülerband 9:
Sachgerecht präsentieren (Aufgabentyp 1, mündlich)		– S. 17, 28, 59, 63, 74, 78, 81, 102, 109, 122, 256–260
Gestaltend vortragen (Aufgabentyp 2, mündlich)		– S. 18/19, 20, 27, 36, 55, 123, 125, 128/129, 142, 153–168, 221
Sprechakte gestalten und reflektieren (Aufgabentyp 3, mündlich)		– S. 36, 50–52, 58, 61, 63, 91, 94/95, 108, 195, 221
Einen informativen Text verfassen (Aufgabentyp 2, schriftlich)	– S. 24/25, 28/29, 70/71, 72/73, 76, 77/78	– S. 46–49, 61, 63, 66–69, 72, 92, 93, 180/181, 185–189, 227, 245–256
Eine Argumentation erstellen (Aufgabentyp 3, schriftlich)	– S. 30–32, 75 – S. 33: Überprüfe dein Wissen und Können	– S. 76, 79, 190–194
Einen Sachtext/medialen Text analysieren (Aufgabentyp 4a, schriftlich)	– S. 26/27, 73 – S. 79/80: Überprüfe dein Wissen und Können	– S. 24, 45, 62/63, 64, 76, 79, 90, 98–100, 104/105, 223
Einen literarischen Text analysieren und interpretieren (Aufgabentyp 4a, schriftlich)	– S. 6/7, 8, 9, 10/11, 12, 14–17, 18–21 – S. 22/23: Überprüfe dein Wissen und Können	– S. 37, 111, 113, 115, 117/118, 119, 120, 125, 130/131, 134–136, 137–139, 140–142, 143–145, 146, 147–151, 152, 174–179, 182–184
Informationen entnehmen und vergleichen, Textaussagen deuten und bewerten (Aufgabentyp 4b, schriftlich)	– S. 70/71, 72, 73, 74, 75, 76, 77/78 – S. 79/80: Überprüfe dein Wissen und Können	– S. 22/23, 24, 58/59, 60/61, 92, 247–253
Einen Text überarbeiten (Aufgabentyp 5, schriftlich)	– S. 54/55, 61 – S. 68/69: Überprüfe dein Wissen und Können	– S. 93, 102, 179, 181, 189, 194, 236, 237, 238, 254/255
Zu Texten produktionsorientiert schreiben (Aufgabentyp 6, schriftlich)	– S. 8, 12, 13, 17	– S. 33, 35, 37, 40, 42, 55, 77, 85, 96–102, 103, 119, 121, 122, 125, 126/127, 139, 169–171, 184, 220, 222, 223

Sprachbilder (Metaphern) untersuchen

Die Herkunft der Uhr *Rainer Malkowski*

Die Uhr kommt von der Sonne.
Die Uhr kommt von der Nacht.

Die Uhr kommt von der Einsamkeit,
sie kommt vom Warten.

Die Uhr kommt von der Leere,
die sie fein zerteilt.

Die Uhr kommt von der Hoffnung.
Die Uhr
kommt vom Sterben.

Seit alters her haben die Menschen sich bemüht zu messen, wie die „Zeit" vergeht. Bereits um das Jahr 5000 v. Chr. wurden in Ägypten Sonnenuhren zur **Zeitmessung** verwendet. Aus China sind Sonnenuhren aus der Zeit um 3000 v. Chr. bekannt. Sonnenuhren gab es auch in Peru (bei den Inkas) und in Indien. Mechanische Uhren gibt es erst seit dem 13. Jahrhundert. Um 1510 stellte Peter Henlein in Nürnberg als erster dosenförmige Taschenuhren her. Heute beherrschen elektronische Uhren den Markt.

1 Wenn du dich über die Herkunft der Uhr informieren willst, kannst du im Lexikon nachsehen, im Internet forschen oder die kurze Information in der Randspalte lesen.
Dieses Gedicht scheint jedenfalls nicht wirklich von der Herkunft der Uhr zu handeln. Oder? – Aber wovon handelt es dann? Versuche dies mit deinen eigenen Worten zu beschreiben.

Dieses Gedicht handelt von ______________________

____

____

____

2 Das Gedicht enthält viele Sprachbilder (Metaphern), die du „entschlüsseln" oder „übersetzen" musst, um das Gedicht zu verstehen.

... von der Sonne: ______________________

... von der Nacht: ______________________

... von der Einsamkeit: ______________________

... vom Warten: ______________________

... von der Leere: ______________________

... von der Hoffnung: ______________________

... vom Sterben: ______________________

Sprachbilder (Metaphern) untersuchen

3 Es gibt noch mehr Gegebenheiten im menschlichen Leben, in denen die Uhr (bzw. die Zeit) eine besondere Bedeutung hat. Schreibe das Gedicht mit einigen eigenen Zeilen weiter.

Die Uhr kommt von ______

Die Uhr ______

______

______

______

4 In der deutschen Sprache gibt es viele Sprachbilder, die etwas mit der Uhr zu tun haben. Versuche die folgenden Metaphern zu erklären. Vielleicht findest du noch mehr Beispiele.

Die Uhr geht vor: ______

Die Uhr ist stehengeblieben: ______

Die Uhr schlägt Mittag: ______

Meine innere Uhr sagt mir …: ______

Die biologische Uhr des Menschen tickt: ______

Seine Uhr ist abgelaufen: ______

In Afrika ticken die Uhren anders: ______

Du weißt, was die Uhr geschlagen hat: ______

Die Raststätte ist rund um die Uhr geöffnet: ______

Das Auto läuft wie ein Uhrwerk: ______

Ein Parallelgedicht schreiben

Alltag *Robert Gernhardt*

Ich erhebe mich.
Ich kratze mich.
Ich wasche mich.
Ich ziehe mich an.
Ich stärke mich.
Ich begebe mich zur Arbeit.
Ich informiere mich.
Ich wundere mich.
Ich ärgere mich.
Ich beschwere mich.
Ich rechtfertige mich.
Ich reiße mich am Riemen.
Ich entschuldige mich.
Ich beeile mich.
Ich verabschiede mich.
Ich setze mich in ein Lokal.
Ich sättige mich.
Ich betrinke mich.
Ich amüsiere mich etwas.
Ich mache mich auf den Heimweg.
Ich wasche mich.
Ich ziehe mich aus.
Ich fühle mich sehr müde.
Ich lege mich schnell hin.

Was soll aus mir mal werden,
wenn ich mal nicht mehr bin?

Lies die Anregungen unten auf der Seite aufmerksam durch, bevor du ein Parallelgedicht schreibst!

Ich ____________________
Ich ____________________
Ich ____________________
Ich ____________________
Ich ____________________
Ich ____________________
Ich ____________________
Ich ____________________
Ich ____________________
Ich ____________________
Ich ____________________
Ich ____________________

____
____

In einem **Parallelgedicht** übernimmt man die Art und Weise, wie der Autor sein Gedicht geschrieben hat. Aber man findet einen neuen Inhalt, d.h. man verändert das, was er geschrieben hat.

1 Lies das Gedicht von Robert Gernhardt und denke über die folgenden Fragen nach:

- Was ist dein erster Eindruck von dem Gedicht? Was hast du beim Lesen gedacht und empfunden?
- Worum geht es in diesem Gedicht? Welche Stimmung wird spürbar?
- Welche Meinung hat der Erzähler wohl von seinem „Alltag"?
- Nach welchem Muster sind die Sätze in den Zeilen 1–24 aufgebaut? Welche Auffälligkeiten gibt es in den Zeilen 19, 23 und 24?
- Wie meint der Autor wohl die beiden letzten Zeilen (Z. 25 und 26)?

2 Schreibe nun ein Parallelgedicht über *deinen* Alltag. Überlege auch, ob du die Schlussfrage beibehalten oder verändern willst.

Ein Gedicht interpretieren

Ich habe gehört, ihr wollt nichts lernen *Bertolt Brecht*

Ich habe gehört, ihr wollt nichts lernen
Daraus entnehme ich: ihr seid Millionäre.
Eure Zukunft ist gesichert – sie liegt
Vor euch im Licht. Eure Eltern
Haben dafür gesorgt, daß eure Füße
An keinen Stein stoßen. Da mußt du
Nichts lernen. So wie du bist
Kannst du bleiben.

Sollte es dann noch Schwierigkeiten geben, da doch die Zeiten
Wie ich gehört habe, unsicher sind
Hast du deine Führer, die dir genau sagen
Was du zu machen hast, damit es euch gut geht.
Sie haben nachgelesen bei denen
Welche die Wahrheiten wissen
Die für alle Zeiten Gültigkeit haben
Und die Rezepte, die immer helfen.

Wo so viele für dich sind
Brauchst du keinen Finger zu rühren.
Freilich, wenn es anders wäre
Müßtest du lernen.

Zum ersten Eindruck:

1 Wie wirkt dieses Gedicht auf mich?

Zum Inhalt:

2 Der Autor Bertolt Brecht sagt in der ersten Strophe:
Ihr wollt nichts lernen – du musst nichts lernen. Wie begründet er dies?

3 In Strophe 2 gibt er Ratschläge für den Fall, dass es Schwierigkeiten gibt. Was empfiehlt er? Meint er es wohl so, wie er es sagt?

4 In der letzten Strophe wechselt die Aussageform vom Indikativ zum Konjunktiv (*wäre, müsstest* …). Was will der Autor wohl damit erreichen?

Zur Absicht des Autors:

5 Denke darüber nach, welche Absicht der Autor wohl mit diesem Text verfolgt, und schreibe den Text in dieser Richtung mit einigen Sätzen weiter.

Über den Erzähler nachdenken

Das Meer *Rafik Schami*

Wir waren eine Woche bei meinem Onkel in Beirut. Eine wunderschöne Stadt. Ich liebe das Meer. Meine Mutter hat fürchterliche Angst davor. Sie verbot mir, ans Wasser zu gehen, aber das Haus meines Onkels war so nahe und das Meer ist eine einzige Verlockung.

Als ich das erste Mal vom Strand zurückkam, schrie mich meine Mutter an, weil ich sie angeflunkert hatte, ich sei im Park gewesen. Mein sonnenverbranntes Gesicht hatte mich verraten und so gab es keinen Nachtisch für mich. Am nächsten Tag zog es mich wieder zum Meer, aber ich blieb im Schatten. Als ich zurückkam und fröhlich vom Park erzählte, befahl meine Mutter: „Zieh deine Schuhe aus“, und sie klopfte den Sand heraus. Ich verlor meinen zweiten Nachtisch. In der Nacht beschloss ich, nicht mehr zum Meer zu gehen, aber als ich am nächsten Morgen aufwachte, hörte ich das Rauschen der Wellen und eilte wieder hinaus. Diesmal beschloss ich, meine Mutter zu überlisten. Ich spielte im Wasser und rannte immer wieder in den Schatten. Bevor ich das Haus meines Onkels betrat, klopfte ich meine Schuhe so lange, bis kein Körnchen Sand mehr drin war, und ging mit einem Lächeln hinein.

„Was für ein schöner Park“, rief ich meiner Mutter herausfordernd zu. Sie schaute mich prüfend an und ich schwärmte noch mehr von der Schönheit des Gartens. Ich lachte innerlich, als sie meine Schuhe ausklopfte. Da sagte sie: „Komm her!“ Sie nahm meinen Arm und leckte daran. „Du warst am Meer. Nur Meersalz schmeckt so!“ Aber merkwürdigerweise gab sie mir an diesem Tag eine doppelte Portion Vanilleeis.

1 Untersuche diese Geschichte genauer, indem du die folgenden Fragen beantwortest:

a) Wo spielt die Geschichte? ______

b) Wie alt mag der Ich-Erzähler sein? ______

c) Wie steht der Junge zum Meer? ______

Über den Erzähler nachdenken

d Was denkt die Mutter über das Meer?

e Was tut der Junge immer wieder?

f Womit überführt die Mutter ihn beim ersten Mal?

g Beim zweiten Mal?

h Beim dritten Mal?

i Welche Folgen hat es für den Jungen beim ersten und zweiten Mal?

j Und beim dritten Mal?

2 Um den Sinn der Geschichte zu verstehen, muss man darüber nachdenken, warum die Mutter sich gegenüber dem Jungen beim dritten Mal ganz anders verhält als vorher. Was denkst du darüber?

- ☐ Die Mutter gibt ihren Widerstand genervt auf und hat keine Lust mehr zu einer weiteren Strafe.
- ☐ Der Mutter ist das Verhalten des Jungen jetzt gleichgültig; soll er doch machen, was er will.
- ☐ Die Mutter bewundert im Stillen, dass der Junge keine Angst hat, und belohnt endlich seinen Mut.

Begründe deine Meinung:

Einen Paralleltext schreiben

Die blaue Amsel

Franz Hohler

Amseln sind schwarz. Normalerweise.

Eines Tages aber saß auf einer Fernsehantenne eine blaue Amsel. Sie kam von weither, aus einer Gegend, in der die Amseln blau waren. Ein schwarzer Amselmann verliebte sich in sie und bat sie, seine Frau zu werden. Zusammen bauten sie ein Nest und die blaue Amsel begann, ihre Eier auszubrüten, während ihr der Amselmann abwechselnd zu fressen brachte oder für sie die schönsten Lieder sang.

Einmal, als der Mann auf Würmersuche war, kamen ein paar andere Amseln, vertrieben die blaue Amsel aus dem Nest und warfen ihre Eier auf den Boden, dass sie zerplatzten.

„Wieso habt ihr das getan?“, fragte der Amselmann verzweifelt, als er zurückkam.

„Weil wir Amseln schwarz sind“, sagten die anderen nur, blickten zur blauen Amsel und wetzten ihre gelben Schnäbel.

1 Mach dir Notizen zu den Fragen, die in der Randspalte stehen:

Wie verhalten sich die blaue Amsel und der Amselmann?

Wie verhalten sich die anderen Amseln? Warum verhalten sie sich so?

Wie wirkt der erste Satz der Geschichte auf dich, nachdem du das Ende kennst?

Wie könnte die Geschichte weitergehen?

Warum hat der Autor wohl diese Amselgeschichte geschrieben?

2 Schreibe nun eine Parallelgeschichte, die nicht von Amseln, sondern von Menschen handelt (Zusatzblatt). Dazu kannst du deine Notizen benutzen. Du kannst die Geschichte auch noch weiterführen.

In einer **Parallelgeschichte** behältst du die Art und Weise, wie der Autor geschrieben hat, bei, aber du veränderst den Inhalt, d.h. das, was er geschrieben hat.

Eine kurze Geschichte ergänzen

1 Lies die folgende Geschichte und entscheide dich für den Schluss, der deiner Meinung nach am besten passt:

Der ______ Knabe

Herr K. sprach über ______ ______ und erzählte folgende Geschichte:

„Einen vor sich hin weinenden Jungen fragte ein Vorübergehender nach dem Grund seines Kummers. ‚Ich hatte zwei Groschen für das Kino beisammen', sagte der Knabe, ‚da kam ein Junge und riss mir einen aus der Hand', und er zeigte auf einen Jungen, der in einiger Entfernung zu sehen war. ‚Hast du denn nicht um Hilfe geschrien?', fragte der Mann. ‚Doch', sagte der Junge und schluchzte ein wenig stärker. ‚Hat dich niemand gehört?', fragte der Mann weiter, ihn liebevoll streichelnd. ‚Nein', schluchzte der Junge. ‚Kannst du denn nicht lauter schreien?', fragte der Mann. ‚Nein', sagte der Junge und blickte ihn mit neuer Hoffnung an. Denn der Mann lächelte.

a ‚Dann will ich dir einen Groschen schenken, damit du ins Kino gehen kannst', sagte der Mann. Und er gab ihm einen und tröstete ihn."

b ‚Dann werde ich den Jungen herholen, damit er dir den Groschen wiedergibt und sich bei dir entschuldigt', sagte der Mann. Und so geschah es auch."

c ‚Dann gib auch den her', sagte er, nahm ihm den letzten Groschen aus der Hand und ging unbekümmert weiter."

d ‚Dann musst du das nächste Mal besser aufpassen', sagte der Mann, strich dem Jungen über den Kopf und ging davon."

2 Gib deiner Geschichte eine passende Überschrift, indem du in die Lücke ein Adjektiv einfügst.

3 Ergänze in Zeile 1/2, worüber Herr K. bei dir eine Geschichte erzählt.

4 Wenn ihr diese Aufgabe in eurer Klasse bearbeitet habt, dann lest euch eure Versionen gegenseitig vor und sprecht über Gemeinsamkeiten und Unterschiede. Begründet dabei eure Ergänzungen.

5 Der Originaltext stammt von Bertolt Brecht. Du findest ihn auf Seite 22. Lies den Text aufmerksam durch und vergleiche ihn mit deinem eigenen Entwurf (Überschrift, Zeile 1/2, Schluss).
Beantworte dann die folgenden Fragen:
- Was wollte der „Vorübergehende" mit seinem Verhalten erreichen?
- Was wollte der Autor wohl bei den Lesern bewirken?

Fragen an eine kurze Geschichte stellen

In der Werkstatt Schreiben (Seite 18–21) kannst du mit diesem Text weiterarbeiten.

1 Die folgende Geschichte sollst du abschnittweise lesen.
- Lies zunächst die Überschrift und denke darüber nach, wovon die Geschichte wohl handeln könnte.
- Beantworte dann nach dem Lesen eines Abschnitts immer erst die Fragen, bevor du den nächsten Abschnitt liest. Später könnt ihr eure Antworten vergleichen und darüber sprechen.

Schließlich ist letztes Mal auch nichts passiert

Kirsten Boie

Zum Beispiel könnte er das Fahrrad nehmen.

Man kann auch im Regen Rad fahren, zwölf Kilometer sind schließlich nicht die Welt. Oder wenn er das Geld für ein Taxi hätte.

„Manu?“, ruft Hilde aus dem Wohnzimmer. „Musst du nicht los?“

Und außerdem ist es unwahrscheinlich, dass etwas passiert. Beim letzten Mal ist ja auch nichts passiert. Und all die tausend Male davor. Beim letzten Mal nur beinahe. Oder eigentlich nur: vielleicht beinahe.

„Manu?“, ruft Hilde. „Gleich ist es vier.“

Auf der Hinfahrt hat er sowieso keine Angst. Solange es hell ist. Obwohl das natürlich überhaupt nichts damit zu tun hat, aber trotzdem. Auf der Hinfahrt hat er keine Angst.

Eher dann schon auf der Rückfahrt. Das weiß man doch, wie die Leute sind. Bis da einer aufsteht. Bis da einer was sagt. Bis da einer, das schon überhaupt nicht, dazwischengeht.

„Manu?“, ruft Hilde. „Um zwölf nach geht die Bahn!“

Aber es muss ja auch keiner gleich zuschlagen. Natürlich, reden, das tun sie. Aber das haben sie schließlich schon immer getan.

→ Wovor könnte Manu Angst haben?

____

→ Wer könnte mit „sie“ gemeint sein?

____

→ Was befürchtet Manu, wie „sie“ sich verhalten werden?

____

→ Manu hat vor allem Angst vor der Rückfahrt. Warum wohl?

____

Fragen an eine kurze Geschichte stellen

„Manu?“, sagt Hilde. Sie steht in der Zimmertür, die Lesebrille verrutscht. „Ich dachte, es ist so wichtig heute? Ich dachte, weil es das letzte Training ist …“

„Wir hatten Mathe auf“, sagt Manu. Er schlägt den Ordner zu und steckt ihn in den Rucksack. Langsam.

„Wenn du dich beeilst, kriegst du die U-Bahn noch“, sagt Hilde.

Sie sieht ihn misstrauisch an. „Oder ist irgendwas los?“

Manu schiebt den Stuhl unter den Schreibtisch. „Nee, nee, alles okay“, sagt er. Wenn Hilde sich nicht immer so einmischen würde. Fragen und kontrollieren und aufpassen, dass er nicht zu spät kommt.

„Ja, dann beeil dich aber auch mal!“, sagt Hilde und allmählich klingt ihre Stimme ungeduldig. „Manchmal versteh' ich dich wirklich nicht!“

Musst du ja auch nicht, denkt Manu. Verlangt kein Mensch von dir. Könntest du auch gar nicht. Meine Güte, was weißt denn du!

„Ich nehm' sowieso das Rad“, sagt Manu und schnürt sich die Stiefel zu. „Nur keine Hektik.“

Hilde zuckt die Achseln und geht zurück ins Wohnzimmer. „Viel Spaß jedenfalls“, sagt sie und guckt noch einmal über die Schultern zurück. „Aber irgendwas ist los, ich bin doch nicht blöd.“

Nee, bist du vielleicht nicht, denkt Manu. Blöd seid ihr ja alle nicht. Aber Ahnung habt ihr trotzdem keine.

Der Regen schlägt vor der Haustür auf die Steine. Wenn er läuft, kriegt er die U-Bahn noch leicht. Er müsste ja verrückt sein, jetzt mit dem Rad zu fahren. Bei diesem Wetter ausgerechnet.

Manu zieht den Kopf zwischen die Schultern und läuft. Er ist gut im Training, die Strecke schafft er in drei Minuten. Höchstens.

→ Was nervt Manu vor der Fahrt zum Training an Hilde besonders?

→ Was meint Manu wohl, wenn er denkt, dass Hilde ihn nicht verstehen kann?

→ „Ahnung habt ihr trotzdem keine.“ (Z. 46) – Wer könnte mit „ihr“ gemeint sein?

→ Noch einmal: Wovor hat Manu wohl Angst?

Fragen an eine kurze Geschichte stellen

Und schließlich, denkt Manu, was ist schon gewesen. Ihre Bierdosen haben sie aufgerissen, ihre Mäuler auch. Noch nicht mal Glatzen haben sie gehabt, noch nicht mal Springerstiefel, irgendwie völlig normal. Müsste einem fast peinlich sein, dass man sich da gleich so aufregt. Schließlich haben sie früher auch schon geredet. Solange er denken kann schon. Aber früher haben sie eben noch keine Menschen angezündet, das macht einen Unterschied. Jetzt kann man ihnen glauben, was sie sagen.

„Ey, guck mal, die Dachpappe“, hat einer gesagt. Offene Jacke, Pickel am Kinn. Da saßen sie schon lange mit ihm im Abteil, zu dritt, hatten ihre Bierdosen geöffnet. Hatten gerülpst und die Beine von sich gespreizt, hatten sich über die missbilligenden Blicke der Alten gefreut und über die Jungen, die taten, als sähen sie nichts. Angestrengt.

Und plötzlich war Rülpsen nicht mehr genug.

„Ey, guck mal, die Dachpappe! Darf der seinen schwarzen Arsch auf deutsche Bänke setzen?“

„Genau!“, sagte der Nächste: klein, ein bisschen dick, ein deutscher Mann. Sah in die Richtung, in der Manu saß und tat, als läse er Stephen King. „Und später setzen sich da wieder deutsche Frauen hin, was? Wo der mit seinem Kaffernarsch …“

Zwei Männer mit Aktenkoffern und den Gesichtern von Taubblinden drängten sich an den dreien vorbei und stiegen aus der Bahn. Noch zwei Haltestellen bis zu Hause.

„He, Dachpappe! Arsch hoch, aber bisschen rucki, zucki!“

Manu sah erstaunt, wie weiß seine Fingerknöchel waren, so fest hielt er jetzt das Buch. Bisher war noch alles ganz harmlos. Bei Stephen King kam das Grauen immer erst langsam.

Fragen an eine kurze Geschichte stellen

„Du nix deutsch, oder was? Du nur Uga-Uga, bum-bu?“

Wenn sie lachten, war es erst mal gut. Wenn sie sich auf die Schenkel schlugen, war es gut, so lange waren sie zufrieden. So lange mussten sie nicht zu ihm kommen und tun, was sie nun tun wollten und wovon sie vielleicht noch nicht einmal wussten, was es sein würde. Das würde sich dann schon ergeben.

„Nächste Haltestelle ...“, sagte der Lautsprecher.

Wenn er hier ausstieg, war er in Sicherheit. Er konnte die nächste Bahn abwarten und das letzte Stück zwanzig Minuten später fahren.

→ Welche Vorstellung hast du von Manu (Aussehen, Alter ...)?

→ Wie beschreibt die Autorin die Männer, die Manu in der U-Bahn angemacht haben, und warum wählt sie für einen der Männer wohl die Beschreibung „ein deutscher Mann“?

→ Wie haben sich die anderen Menschen in der U-Bahn verhalten?
Was meint die Autorin, wenn sie schreibt, dass zwei Männer die „Gesichter von Taubblinden“ haben?

2 Was denkst du nach dem Lesen der Geschichte über die Männer, vor denen Manu Angst hat, und darüber, was sie sagen und was sie noch vorhaben könnten? Was denkst du über das Verhalten der anderen?
Welchen Rat würdest du Manu geben? Wie soll er sich verhalten?

3 Lies noch einmal die Überschrift des Textes, die dir Auskunft darüber gibt, wie die Geschichte beim letzten Mal ausgegangen ist. Diesmal hat die Geschichte ein offenes Ende, d.h. dass viele Fragen offen bleiben:
- Was könnte dieses Mal in der U-Bahn geschehen?
- Wie sollten sich die Zuschauer in der U-Bahn verhalten, wenn Manu wiederum bedroht oder sogar angegriffen wird?
- Was würdest du selbst tun, wenn du dabei wärst?

Schreibe den Text weiter, sodass deutlich wird, wie du diese Fragen beantwortest.

Einen literarischen Text interpretieren

Beim Schreiben einer Interpretation machst du dir Gedanken darüber, was du an einem Text für wichtig hältst. Du gibst Auskunft, wie du einen Text verstehst, wie er auf dich wirkt; vielleicht bewertest du ihn sogar – für dich und für andere. In deiner schriftlichen Deutung musst du auf bestimmte Merkmale und Besonderheiten des Textes eingehen.

Das Schreiben einer Interpretation kannst du an dem folgenden Beispiel üben. Es bezieht sich auf die kurze Geschichte **„Schließlich ist letztes Mal auch nichts passiert“** von Kirsten Boie. Sie ist in der Werkstatt Geschichten abgedruckt und durch Fragen für eine eigene Deutung vorbereitet (Seite 14–17).

So könnte die Aufgabenstellung lauten:

Aufgabenstellung: *Analysiere die kurze Geschichte „Schließlich ist letztes Mal auch nichts passiert“ von Kirsten Boie. Stelle auch dar, wie du die Geschichte findest. Begründe deine Meinung.*
Stelle deine Ergebnisse in einem zusammenhängenden, gegliederten Text dar und belege sie am Text.

1. Schritt Den Text lesen, das Textverständnis sichern

Lies den Text (S. 14–17) zur Orientierung zunächst durch, wenn nötig, mehrere Male. (Die Fragen, die zwischen den einzelnen Textabschnitten stehen, musst du jetzt nicht beantworten. Es schadet aber auch nicht, wenn du mithilfe der Fragen zunächst dein Textverstehen überprüfst.)

Beim zweiten oder dritten Lesen des Textes solltest du mit Fragen oder Randbemerkungen festhalten, was dir auffällt.

Was steht im Text?
Was fällt mir auf?
Wie stehe ich zu dem Text?

Zu den ersten Abschnitten des Textes auf den Seiten 15 und 16 findest du auf dem folgenden Notizzettel einige Randbemerkungen:

Sprachliche Besonderheiten:
- Schlüsselwörter, Sprachbilder
- rätselhafte oder schwer verständliche Stellen
- Aufbau von Spannung, z.B. durch Andeutungen, Unterbrechungen der Handlung
- anschauliche Darstellung durch Beschreiben von Stimmungen, Empfindungen, Verhaltensweisen

Randbemerkungen	Zeile(n)
- keine Einleitung	
- Ort? Personen?	
- Er-Form	
- Gedanken	
- sie drängt zur Eile	
- wörtliche Rede	
- Andeutung: Angst (wovor?)	
- misstrauisch: sie weiß nichts von seiner Angst	
- will er sie nicht beunruhigen?	
- Rückblick, Erinnerung; andere Zeitform	
- will sich selbst beruhigen	
- Schimpfwort für dunkle Hautfarbe, Beleidigung	
- ...	

Einen literarischen Text interpretieren

1 Zu welchen Textstellen gehören die Randbemerkungen? Gib die Zeilen an. Wenn du etwas ergänzen willst, füge an den passenden Stellen des Textes Randbemerkungen hinzu. Berücksichtige dabei auch die sprachlichen Besonderheiten, die auf dem blauen Zettel (S. 18) stehen.
Bearbeite den Rest des Textes in ähnlicher Weise.

2. Schritt **Den Textaufbau planen**

Sieh dir die Aufgabenstellung (S. 18) genau an und überlege, aus wie vielen Teilen deine Interpretation bestehen soll.
Der folgende Aufbau erscheint hier sinnvoll:
- Einleitung mit Textart, Titel, Autor und Kernaussage
- Kurze Inhaltswiedergabe
- Analyse der inhaltlichen und sprachlichen Besonderheiten und deren Bedeutung für die Textaussage
- Schluss mit eigener Stellungnahme

3. Schritt **Das Schreiben vorbereiten**

Mach dir klar, worauf du beim Schreiben achten musst. Frage dich:
- Wie kann ich in meiner einleitenden Zusammenfassung die Kernaussage der Geschichte deutlich darstellen?
- Gebe ich wirklich meine Eindrücke wieder oder fasse ich nur den Inhalt zusammen?
- Wo kann ich meine Eindrücke und Hinweise am Text überprüfen?
- Welche Textstellen kann ich als Beleg wörtlich zitieren?
- Wie formuliere ich meine Interpretation so, dass der Leser versteht, was ich meine?

4. Schritt **Den Text schreiben**

Einleitende Informationen:
- Textart
- Titel
- Autor(in)
- Hauptperson(en)
- Situation der Personen
- Ort des Geschehens
- Zeit des Geschehens
- Handlung, Geschehnisse

2 Unten siehst du ein Beispiel für die Einleitung der Interpretation. Welche Bestandteile von dem grünen Zettel kannst du darin entdecken? Markiere sie auf dem Zettel.

3 Schreibe die Einleitung mit der kurzen Inhaltswiedergabe zu Ende. Du solltest dabei mit höchstens drei Sätzen auskommen.

In der kurzen Geschichte „Schließlich ist letztes Mal auch nichts passiert" von Kirsten Boie geht es um Manu, einen Jungen mit dunkler Hautfarbe. Er hat auf dem Weg zum Training Angst vor rassistischen Übergriffen. Während der U-Bahn-Fahrt erinnert er sich …

______

______

______

Einen literarischen Text interpretieren

4 Schreibe in die Textlücken der Interpretation eigene Formulierungen. Du kannst dich dabei an den Stichpunkten in der Randspalte orientieren. Entscheide, welche von den zusammenfassenden Stellungnahmen am Schluss du für passend hältst. Markiere sie.

Die Geschichte beginnt ohne Einleitung. Direkt in den ersten beiden Sätzen überlegt „er", ob er bei Regen zwölf Kilometer mit dem Rad zurücklegen soll, weil er kein Geld für ein Taxi hat. Man erfährt aber erst nach und nach, dass „er" Manu heißt und Bedenken hat, mit der U-Bahn zum Training zu fahren. Er befürchtet, in der U-Bahn beschimpft oder angegriffen zu werden. Es wird aber alles nur angedeutet, indem seine Gedanken beschrieben werden. Es wird zuerst noch nicht klar, wovor genau er Angst hat und warum. Seine Gedanken stehen in kurzen, manchmal unvollständigen Sätzen. Manche Formulierungen werden wiederholt. Das wirkt auf mich so, als ob ihm die Ängste so hin und her durch den Kopf schießen.

Manu wohnt offenbar bei „Hilde", aber es wird nicht klar, ob sie seine Mutter ist oder welche Rolle sie sonst spielt. Jedenfalls ermahnt sie ihn mehrmals, dass er pünktlich zum Training starten soll. Ihre Sätze stehen in wörtlicher Rede. Hilde ahnt, dass etwas nicht in Ordnung ist, aber Manu will sie seine Angst nicht spüren lassen. Das sieht man

daran, dass ____________________

nur kurze Antworten
weicht aus
leicht aggressiv, weil Hilde keine Ahnung hat

____

____

____

Manu beschließt, doch mit der U-Bahn zu fahren. Das ist so eine Art Umschaltpunkt in der Geschichte. Jetzt wechselt auch die Zeitform vom Präsens zu Perfekt und Präteritum. Denn jetzt werden Manus Erinnerungen an die letzte Fahrt dargestellt. Allmählich wird deutlicher, dass Manu damals von einer Gruppe junger Männer angepöbelt und beleidigt wurde, weil er eine dunkle Hautfarbe hat. Das erfährt man erst hier. Und das wird nicht direkt gesagt. Man kann das nur aus den Sätzen entnehmen, mit denen die drei ihn beleidigen.

Dachpappe
schwarzer Arsch
Kaffernarsch
Uga-Uga, bum-bu

____

____

____

____

Einen literarischen Text interpretieren

Das Aussehen und die Körperhaltung der drei Männer werden anschaulich beschrieben, sie „hatten gerülpst und die Beine von sich gespreizt …". Andere Fahrgäste mit „den Gesichtern von Taubblinden" greifen nicht ein. Durch diese Beschreibungen und bildlichen Vergleiche kann man sich die Szene in der U-Bahn genau vorstellen. Trotz der bedrohlichen Situation versucht Manu die ganze Zeit, sich selbst zu beruhigen. Er will sich einreden, dass alles nicht so schlimm ist. Aber was die drei sagen und tun ist so schlimm, dass seine Angst zunimmt. Am Schluss wird klar, dass die drei kurz davor sind, Manu auch körperlich anzugreifen. Aber auch das wird nicht genau gesagt.

Andeutung, dass sie etwas tun wollen
wirkt bedrohlich

Ganz am Schluss wird nicht klar, ob das noch zu Manus Erinnerungen gehört oder ob es jetzt auf seiner U-Bahn-Fahrt passiert. Im Konjunktiv steht, dass er die Möglichkeit ins Auge fasst, an der nächsten Station auszusteigen, um in Sicherheit zu sein. Man weiß aber nicht, ob er wirklich aussteigt. Durch diesen offenen Schluss bleibt man als Leser immer noch in Gedanken bei Manu und seiner Angst.

5 Schreibe deine eigene Stellungnahme für den Schluss der Interpretation. Stelle darin auch dar, wie du die Geschichte findest. Begründe deine Meinung. Du kannst dazu Teile der drei Beispiele auf den Zetteln verwenden, aber du sollst auch eigene Formulierungen finden.

Ich glaube, das ist die Absicht der Geschichte. Man soll sich Gedanken darüber machen, wie sich jemand fühlt, der nur wegen seiner Hautfarbe in aller Öffentlichkeit beleidigt und bedroht wird. Ich finde aber, dass die Geschichte etwas langweilig anfängt, weil man lange gar nicht weiß, worum es eigentlich geht.

Ich finde den offenen Schluss nicht gut, weil man gar nicht weiß, wie sich Manu verhalten wird. Überhaupt bekommt man fast selbst Angst, wenn man die Geschichte liest. Ich fände es besser, wenn es ein „Happy End" gäbe.

Ich finde es schlimm, dass Manu überhaupt nicht mehr in Ruhe U-Bahn fahren und auf die Straße gehen kann.
Es wird ja klar, dass er auch vorher öfter wegen seiner Hautfarbe angemacht worden ist. Aber dann wurde alles immer schlimmer, denn rassistische Deutsche haben schon „Menschen angezündet", indem sie Häuser von Ausländern in Brand steckten. Ich finde die Geschichte spannend, weil man immer weiterlesen muss, wenn man wissen will, was da los ist.

Überprüfe dein Wissen und Können

Einen literarischen Text interpretieren

Die Interpretation eines literarischen Textes kannst du hier noch einmal an dem Text **„Der hilflose Knabe"** von Bertolt Brecht üben.

Aufgabenstellung:

Interpretiere die Kurzgeschichte „Der hilflose Knabe" von Bertolt Brecht.
Gehe dabei so vor:
a) Schreibe eine Einleitung, in der du Textsorte, Titel, Autor und Thema benennst.
b) Beschreibe, was in der Geschichte passiert und wie du es deutest. Belege deine Aussagen mit passenden Textstellen.
c) Nimm abschließend Stellung zu der Geschichte.
Schreibe einen zusammenhängenden Text.

Der hilflose Knabe

Bertolt Brecht

Herr K. sprach über die Unart, erlittenes Unrecht stillschweigend in sich hineinzufressen, und erzählte folgende Geschichte:
„Einen vor sich hin weinenden Jungen fragte ein Vorübergehender nach dem Grund seines Kummers. ‚Ich hatte zwei Groschen für das Kino beisammen', sagte der Knabe, ‚da kam ein Junge und riss mir einen aus der Hand', und er zeigte auf einen Jungen, der in einiger Entfernung zu sehen war. ‚Hast du denn nicht um Hilfe geschrien?', fragte der Mann. ‚Doch', sagte der Junge und schluchzte ein wenig stärker. ‚Hat dich niemand gehört?', fragte der Mann weiter, ihn liebevoll streichelnd. ‚Nein', schluchzte der Junge. ‚Kannst du denn nicht lauter schreien?', fragte der Mann. ‚Nein', sagte der Junge und blickte ihn mit neuer Hoffnung an. Denn der Mann lächelte. ‚Dann gib auch den her', sagte er, nahm ihm den letzten Groschen aus der Hand und ging unbekümmert weiter."

1. Schritt **Was musst du tun, um den Text zu verstehen?**

- Lies den Text mehrmals.

- Mach dir klar, wie du den Text verstehst.

Welchen der folgenden Aussagen zum Text kannst du zustimmen? Kreuze an:
a) Herr K. will dem Leser eine Lehre erteilen.
b) Der „Vorübergehende" sollte für sein Verhalten bestraft werden
c) Der Junge wird beim nächsten Mal sicher lauter schreien.
d) Der Leser macht sich Gedanken, wie er sich verhalten würde, wenn ihm Unrecht geschieht.
e) Der „Vorübergehende" hat dem Jungen geholfen.

- Mache Randbemerkungen, in denen du festhältst, was dir auffällt.

Achte dabei auch auf sprachliche Besonderheiten.
Ergänze die Randbemerkungen aus der Randspalte.

- Herr K. könnte ein Lehrer sein
- Geschichte als Beispiel
- Wechsel von Frage und Antwort
- ...

Überprüfe dein Wissen und Können

2. Schritt **Was musst du tun, um eine Einleitung zu schreiben?** (Aufgabe a)

■ Am Anfang des Textes findest du meistens den Titel und den Autorennamen. Die Textsorte wird manchmal in der Aufgabenstellung erwähnt. Wenn du sie nicht weißt, schreibe einfach „der Text“.

■ Überlege, worum es in dem Text hauptsächlich geht.
Entscheide dich für eine der folgenden Möglichkeiten oder finde eine eigene Formulierung:
- *Es geht um einen Jungen, dem Geld abgenommen wurde. Weil er nicht laut genug um Hilfe ruft, nimmt ihm ein „Vorübergehender“ daraufhin sein zweites Geldstück auch noch ab.*
- *Es geht um eine Beispielgeschichte, die Herr K. erzählt. Er will damit deutlich machen, dass man sich wehren soll, wenn einem Unrecht geschieht.*

■ Ergänze nun die folgenden Einleitungsformulierungen:
In der … „ … “ von … geht es um …

3. Schritt **Was musst du tun, um zu beschreiben, was in der Geschichte passiert und wie du es deutest?** (Aufgabe b)

■ Lies die Aufgabenstellung. Mach dir klar, was genau du schreiben sollst.

■ Lies den Text noch einmal. Mach dir klar,
- aus welcher Sicht (Perspektive) das Geschehen dargestellt wird,
- wer die handelnden Personen sind,
- in welcher Situation die Personen sind, was sie fühlen, denken, sagen,
- welche auffälligen sprachlichen Merkmale vorkommen (z. B. Satzbau, wörtliche Rede, ungewöhnliche Wörter …) und wie sie wirken,
- welche Textstellen so wichtig sind, dass du sie zitieren möchtest,
- was das Wichtigste, die Hauptaussage der Geschichte ist,
- welche Fragen sich dem Leser stellen, was offen bleibt,
- wie du die Geschichte deutest und bewertest.

■ Halte das, was du herausgefunden hast, in kurzen Notizen fest, ergänze eventuell die Randbemerkungen, markiere entsprechende Textstellen.

4. Schritt **Was musst du tun, um abschließend zu der Geschichte Stellung zu nehmen?** (Aufgabe c)

■ Mach dir klar,
- wie die Geschichte auf dich wirkt, was dich besonders beeindruckt hat, welche Gefühle sie auslöst,
- welche neuen Einsichten du gewonnen hast,
- welche Fragen für dich noch offen bleiben.

Einen Sachtext zusammenfassen

Der folgende Sachtext enthält Informationen über die Möglichkeiten und die Wirkung der Kamera beim Film. Auf den nächsten Seiten sollst du üben, auf unterschiedliche Weise mit diesem Text zu arbeiten.

Den Text lesen

1 Lies den Text zur Orientierung zunächst durch.

Die Wirkung der Kamera

Niemand wird bestreiten, dass für die Wirkung des Films die Kamera eine entscheidende Rolle spielt. Sie kanalisiert den Blick des Zuschauers, wählt aus, betont, erklärt, was der Betrachter wahrnehmen soll.

Die Kamera bestimmt den *Bildausschnitt*, der zu sehen ist. Was wir sehen, ist oben und unten, links und rechts begrenzt wie bei einem Bild in einem Bilderrahmen. Alles, was sich innerhalb dieses Rahmens abspielt, alle Geräusche, die aus diesem Rahmen kommen, bezeichnet man als „On“ (*On-Screen*). Alles, was in diesem Rahmen nicht zu sehen ist oder was als Geräusch von außerhalb dieses Rahmens erscheint, bezeichnet man als „Off“ (*Off-Screen*). Beim Drehen eines Films kann man selbst mit den nicht dargestellten Einzelheiten, die im Off verborgen sind, erstaunliche Wirkungen erzielen. Wenn in einem Krimi nur die Hände eines Mörders gezeigt werden, nicht aber sein Gesicht, kann man die Spannung erhöhen. Denn so bleibt verborgen, wer der Mörder ist.

Interessant für die Wirkung ist auch, wo eine wichtige Figur innerhalb des Bildrahmens platziert ist. Dabei gibt es bestimmte Regeln. Normalerweise wird das Bild so aufgebaut, dass z.B. eine einzelne, stehende Figur nicht genau in der Mitte der Bildfläche steht, sondern leicht nach links oder rechts versetzt. Eine Figur in Bewegung wird so aufgenommen, dass vor ihr, in der Bewegungsrichtung, mehr Raum bleibt als hinter ihr. Auch diese Sehgewohnheit kann man für Spannungseffekte nutzen. Wenn z.B. bei einer Verfolgungsjagd vor dem Flüchtenden nur wenig Raum gegeben wird, kann man damit andeuten, dass er gleich eingeholt wird.

Der Kamera stehen eine Vielzahl von gestalterischen Möglichkeiten zur Verfügung, die jeweils zur Wirkung auf den Betrachter beitragen: Durch ungewöhnliche Objektivwahl, Überbelichtungen, Unschärfen können zum Beispiel Traumszenen oder Rückblendungen in die Vergangenheit verdeutlicht werden. Hinzu kommen Spezialeffekte durch Farbfilter, Mehrfachbelichtungen oder extremes Zoomen. Vor allem aber prägen drei Möglichkeiten den „Kamerablick“: die *Perspektive*, die *Einstellungsgröße* und die *Kamerabewegung*. Geläufig sind die Perspektiven von oben (*Vogelperspektive*), von unten (*Froschperspektive*) und gerade (*Normalsicht*). Personen, die von oben gefilmt werden, können klein und machtlos erscheinen. Werden sie aus starker Untersicht aufgenommen, wirken sie eher groß, selbstbewusst oder sogar bedrohlich. Die Normalsicht entspricht unseren alltäglichen Sehgewohnheiten und ist auch im Film die Standardperspektive. Wenn von ihr abgewichen wird, ist eine bestimmte Wirkung beabsichtigt. Als *Einstellungsgröße* bezeichnet man die Größe einer Person oder eines Gegenstands im Verhältnis zum Bildraum: Die *Totale* ermöglicht dem Zuschauer einen Überblick über die Umgebung. Die *Halbtotale* zeigt die Situation der Person(en) vollständig in ihrer Umgebung. Die *halbnahe Einstellung* betont die Handlung der Person(en). Sie wird oft in Dialogen verwendet. In der *nahen Einstellung* ist nur noch der Oberkörper einer Person zu sehen. Sie zeigt Gefühle und Gesichtsausdruck. Beim *Detail* wird der Blick auf eine wichtige, manchmal bildfüllend vergrößerte Einzelheit konzentriert. Zusätzlich gibt es auch noch Zwischengrößen mit den entsprechenden Darstellungswirkungen.

Bei der *Kamerabewegung* unterscheidet man zwischen *Kamerafahrt*, *Zoom* und *Kameraschwenk*. Die Kamerabewegungen können Ruhe oder Tempo in den Film bringen.

Bei der *Kamerafahrt* kann eine sich bewegende Figur von der fahrenden Kamera begleitet oder verfolgt werden. Beim *Zoom* ändert sich der Kamerastandort nicht. Die räumliche Annäherung oder Entfernung wird hier nur vorgetäuscht, sie erfolgt durch die Veränderung der Objektivbrennweite. Auch beim *Kameraschwenk* verändert sich der Kamerastandort nicht. Der Schwenk kann der Blickrichtung einer Person folgen oder die Bewegungen von sich nähernden oder entfernenden Personen begleiten.

Einen Sachtext zusammenfassen

Welche Informationen du einem Sachtext entnimmst, hängt von deinem Leseinteresse ab und von der Aufgabe, die dir zu dem Text gestellt worden ist. Danach entscheidest du, welche Textstellen du markierst und zusammenfasst.

Einen Abschnitt für ein Referat schreiben

Für ein Referat musste ein Schüler etwas zur „Sprache" des Films schreiben. Dazu hat er diese Informationen aus dem Sachtext zusammengefasst:

Thema des Referats:

Die „Sprache" des Films

Gliederung:

1. Der Bildausschnitt der Kamera
2. Die gestalterischen Möglichkeiten der Kamera
3. Perspektive, Einstellungsgröße und Kamerabewegung
4. Der Filmschnitt

Der Bildausschnitt der Kamera

Die Kamera bestimmt den Bildausschnitt, er ist wie ein Bilderrahmen. Alles innerhalb dieses Rahmens nennt man „On" (On-Screen), alles außerhalb dieses Rahmens „Off" (Off-Screen). Man kann auch mit Einzelheiten aus dem Off erstaunliche Wirkungen erzielen, z.B. wenn in einem Krimi nur die Hände eines Mörders gezeigt werden, nicht aber sein Gesicht. Denn so bleibt verborgen, wer der Mörder ist.
Wichtig ist auch, wo eine wichtige Figur innerhalb des Bildrahmens auftaucht. Eine einzelne, stehende Figur steht gewöhnlich nicht genau in der Mitte der Bildfläche.
Sie ist leicht nach links oder rechts versetzt.
Eine Figur in Bewegung wird so aufgenommen, dass vor ihr, in der Bewegungsrichtung, mehr Raum bleibt als hinter ihr.

1 Was hat der Schreiber aus dem Sachtext übernommen? Wo hat er seine Informationen gefunden? Markiere die entsprechenden Stellen im Text.

2 Vergleiche die ersten vier Sätze der Zusammenfassung mit dem Sachtext: Was hat der Schreiber für seine Zusammenfassung weggelassen? Setze diese Stellen im Text in Klammern.

3 Markiere Textstellen, die zu dem Gliederungspunkt „Perspektive, Einstellungsgröße und Kamerabewegung" passen.

4 Setze im Text die Stellen in Klammern, die du weglassen oder kürzen willst.

5 Schreibe zu diesem Gliederungspunkt eine Zusammenfassung für ein Referat.

Einen Sachtext analysieren

Im Schülerband (S. 77–79) findest du Informationen zum Thema, die dir vielleicht bei der Bearbeitung der Aufgabe helfen können.

Manchmal musst du Sachtexte analysieren und beurteilen. Dazu werden unterschiedliche Aufgaben gestellt. Am Beispiel des Textes **„Graffiti durch Vorbeugung bekämpfen?"** kannst du hier eine Sachtext-Analyse schreiben.

So könnte die Aufgabenstellung lauten:

Aufgabenstellung: *Analysiere den Text „Graffiti durch Vorbeugung bekämpfen?" und stelle die Ergebnisse in einem zusammenhängenden Text dar.*
Gehe dabei so vor:
a) Nenne das Thema des Textes.
b) Fasse den Inhalt des Textes zusammen.
c) Wähle eine Antwort von Professor Pfeiffer aus und nimm aus deiner Erfahrung Stellung dazu.

„Graffiti durch Vorbeugung bekämpfen?"

Ausschnitt aus einem Interview der Redaktion von „mach-nicht-alles-kaputt.de" mit dem Kriminalitätsforscher Prof. Dr. Christian Pfeiffer.

Redaktion: *Stimmt es, dass die Graffitiszene eine Jungen-Domäne ist?*
Prof. Pfeiffer: Gewalt gegen Sachen oder Gewalt gegen Personen – beides wird von Mädchen sehr viel weniger praktiziert. Die Geschlechterunterschiede sind aber bei Sachbeschädigungen wie Graffiti weniger groß als bei Gewalt. Da haben wir vier Mal so viele männliche Mehrfachtäter.

Gibt es dafür eine wissenschaftliche Erklärung?
Jungen werden eher dazu erzogen, Gefühle wegzusperren, sich zu panzern und Frust runterzuschlucken. Jungen sollen nicht weinen. Das ist nicht hilfreich. Es trägt dazu bei, dass Jungen Schaden, den sie Opfern anrichten, nicht sensibel wahrnehmen können. Frauen werden dazu erzogen, die Konsequenzen ihres Handelns im Auge zu behalten. Sie entwickeln Empathiefähigkeit, mit deren Hilfe sie sich in Opfer hineinversetzen können. Jungen haben daher weniger Hemmungen, Gewalttaten zu begehen. Es gibt noch einen Faktor, der Jungen und Mädchen immer deutlicher unterscheidet: Von 100 Schulabbrechern sind 64 Jungen und nur 36 Mädchen. Von 100 Sitzenbleibern sind 60 Jungen und 40 Mädchen. Die Frauen haben in den letzten 10 Jahren leistungsmäßig klar die Führung übernommen.

Was macht das mit den jungen Männern?
Sie geben auf. Und sie streben zum Teil auf andere Weise nach Anerkennung. So sind Jungen viel häufiger als Mädchen negativ aufgeladen, wenn die letzte Schulstunde vorbei ist. Ihren Frust setzen sie dann auf dem Schulweg in Gewalt um. Das kann zu Lasten von Fensterscheiben oder Sitzen in U- und S-Bahnen gehen. Es trifft also fast zufällig die Verkehrsunternehmen, die Jugendliche in die Schule oder wieder nach Hause fahren.

Woran liegt denn der schulische Misserfolg der Jungs?
Eine Hauptursache für diese Leistungsschwäche der Jungen sehen wir in den Computerspielen. Je mehr Zeit die Jungen dafür aufwenden und je brutaler die Computerspiele sind, desto schlechter fallen die Schulnoten ihrer Nutzer aus – das können wir in unseren Forschungen nachweisen.

Wie bewerten Sie den Faktor Mutprobe und den Nervenkitzel beim illegalen Sprayen?
Man muss unterscheiden: Es gibt einige wenige, die das Sprayen als Ausdruck ihrer Kreativität nutzen und bedauern, dass dabei auch Schaden entsteht. Die Mehrheit sucht tatsächlich den Reiz des Verbotenen und eine Chance, sich vor anderen zu profilieren. Es wird Frust abgebaut, indem man anderen Schaden zufügt.

(Textquelle: www.mach-nicht-alles-kaputt.de)

Einen Sachtext analysieren

1. Schritt **Was musst du machen, um das Thema zu nennen?** (Aufgabe a)

■ Lies den Text, wenn nötig mehrere Male. Überlege und sieh genau hin:
- Um welche Art Text handelt es sich?
  (z. B. Zeitungsbericht; Sachtext, Interview, Umfrage ...)
- Woher stammt der Text? (Quelle)
- Hat der Text eine Überschrift?
- Gibt es eine Autorin/einen Autor?
- Worum geht es in dem Text?

■ Ergänze nun die folgenden Formulierungen mithilfe deiner Antworten:
Der Text „...“ von ... ist ein Ausschnitt aus einem Interview. Darin geht es um ...

2. Schritt **Was musst du machen, um die Informationen aus dem Text zusammenzufassen?** (Aufgabe b)

■ Überlege und lies genau nach:
- Welche Informationen sind wichtig, welche weniger wichtig?
- In welcher Reihenfolge stehen die Informationen?

■ Ergänze nun die folgenden Formulierungen mithilfe deiner Antworten.
Die Zusammenfassung zum letzten Abschnitt sollst du selbst formulieren.

Zuerst wird festgestellt, dass hauptsächlich Jungen in der Graffitiszene auftauchen.
Bei Graffiti ...
Bei Gewalt dagegen ...
Die Erklärung dafür ist ...
Deshalb ist es bei den Jungen häufig so, dass sie ...
Die Hauptursache für die Leistungsschwäche der Jungen ...
...

3. Schritt **Was musst du machen, um eine Textaussage auszuwählen und aus deiner Erfahrung dazu Stellung zu nehmen?** (Aufgabe c)

■ Lies den Text noch einmal.

■ Überlege, welche Textaussage so interessant ist, dass du dich dazu äußern möchtest.

■ Entscheide, ob du nach deiner Erfahrung der Aussage zustimmen kannst oder ob du ganz anderer Ansicht bist.

■ Ergänze nun die folgenden Formulierungen mithilfe deiner Überlegungen:
Im Text wird erwähnt, dass ...
Aus meiner Erfahrung möchte ich ...
Denn ...

Über ein Praktikum schreiben

Wenn du über ein Praktikum schreibst, musst du oft wichtige Tätigkeiten und Erlebnisse einer Woche in einem Wochenbericht festhalten. Was du dabei beachten musst, kannst du auf den nächsten beiden Seiten üben.

1 Die folgenden Ausschnitte aus einem Wochenbericht enthalten sprachliche Mängel.
Lies die Ausschnitte sorgfältig, wenn nötig mehrere Male.
Überlege, welchen Verbesserungsvorschlag du jeweils machen würdest.

Ausschnitte aus dem Wochenbericht der zweiten Praktikumswoche

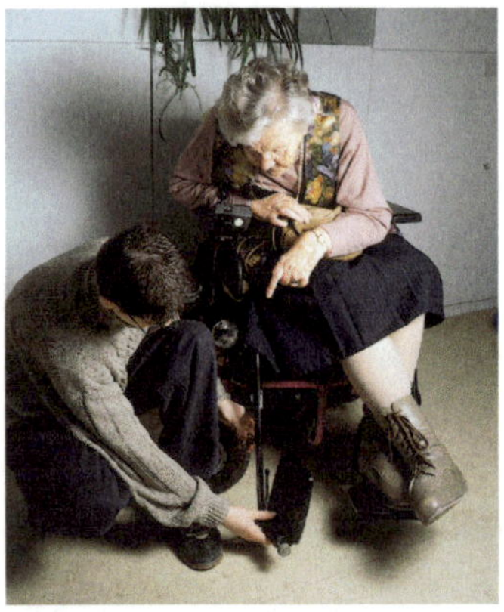

A In der zweiten Woche konnten Nancy und ich schon viel selbstständiger arbeiten. Am Montag reparierte ich zuerst Frau Münsters Rollstuhl, das ist ziemlich kompliziert gewesen. Aber meine Hauptaufgabe hat darin bestanden, mit den Bewohnern die Freizeit zu gestalten. Ich habe mit ihnen gespielt und las ihnen aus der Zeitung vor.

B Die täglichen Pflege- und Hilfsdienste waren immer gleich. Wir halfen beim Aufstehen und Anziehen. Wir räumten die Zimmer auf. Wir halfen beim Essen. Wir räumten das Geschirr ab. Wir gingen mit den Bewohnern einkaufen.

C Am Freitag durften wir wieder mit Heike und Werner Medikamente zusammenstellen, die für jeden Bewohner vom Arzt verordnet waren, wobei es spezielle Boxen gab, die mit kleinen Schubfächern für jeden Wochentag versehen waren.

D Nachmittags ging ich oft mit Herrn Nordhoff spazieren oder ich begleitete ihn beim Einkaufen. Das war eigentlich ganz witzig, weil er immer einen Scherz auf Lager hatte. Jedes Mal hat er der Kassiererin im Supermarkt seinen Lieblingswitz erzählt: „Treffen sich zwei Jäger. Beide tot.“ Er selbst lachte am meisten darüber.
Dann gab es immer einen Stau an der Kasse und manche Leute wurden ungeduldig. Ich mochte Herrn Nordhoff sehr, obwohl er wegen seiner Krankheit auch ziemlich schusselig und vergesslich war und ich ihm eigentlich immer sagen musste, was er einkaufen sollte.
Er ließ auch schon mal seinen Stock irgendwo stehen oder wusste plötzlich meinen Namen nicht mehr.

Über ein Praktikum schreiben

2 Untersuche die Berichtsausschnitte nun mit Hilfe der folgenden Hinweise genauer und verbessere sie. Einige Verbesserungen kannst du jeweils direkt in den freien Zeilen vornehmen, andere musst du auf ein Zusatzblatt schreiben.

- Die Zeitform im Tagesbericht ist in der Regel das Präteritum. In **Ausschnitt A** kommt aber auch das Perfekt vor. Forme die entsprechenden Stellen ins Präteritum um.

anschließend
dann
zwischendurch
im Anschluss daran
während
sobald
nachdem
als
wobei

- Gerade in einem Bericht, in dem unterschiedliche Tätigkeiten dargestellt werden, kommt es auf sinnvolle und abwechslungsreiche Satzverknüpfungen an. Wenn sich einfach nur Hauptsatz an Hauptsatz reiht, wirkt der Text steif und langweilig. Forme die Hauptsätze in **Ausschnitt B** in Satzgefüge mit Haupt- und Nebensätzen um. Verwende verknüpfende Formulierungen an den Satzanfängen und in den Sätzen selbst. Die Wörter auf dem blauen Zettel helfen dir dabei.

- Satzgefüge mit einer Aneinanderreihung von Nebensätzen werden manchmal unübersichtlich und schwer lesbar. Löse die „Satzschlange" in **Ausschnitt C** auf, indem du sie in mehrere Sätze umformst.

- Eigene Erlebnisse und Beurteilungen können zwar auch in den Tagesbericht aufgenommen werden, aber man muss schon entscheiden, was wichtig ist und was man weglassen sollte. Streiche Einzelheiten aus **Ausschnitt D**, die du nicht aufnehmen würdest. Schreibe ihn dann neu auf.

Eine Argumentation verfassen

Argumente sammeln und auswählen

Bevor du eine Argumentation verfasst, musst du möglichst viele unterschiedliche Pro- und Kontra-Argumente zu deinem Thema sammeln. Manche Argumente fallen dir selbst ein, manche musst du dir aus anderen Quellen heraussuchen. Danach musst du überprüfen, ob die gesammelten Argumente auch wirklich überzeugend sind und zum Thema passen.

Tattoos – Schmuck für die Ewigkeit?

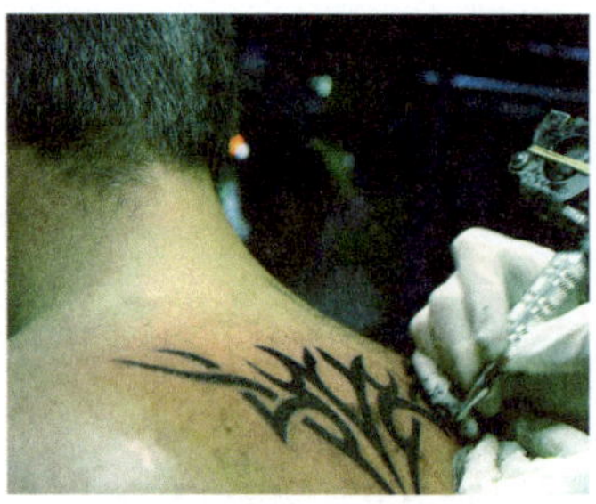

1 Streiche aus der folgenden Sammlung solche Argumente heraus, die unpassend, wenig überzeugend oder einem anderen Argument ziemlich ähnlich sind.

- Durch Tattoos kann man die Aufmerksamkeit anderer auf sich lenken.
- Tattoos erleichtern die Kontaktaufnahme zu anderen Menschen.
- Ein Tattoo ist ein dauerhafter Körperschmuck.
- Ich kenne viele Leute mit Tattoos.
- Man kann die Aufmerksamkeit auf bestimmte Körperstellen lenken.
- Der Entschluss zu einem Tattoo kann einem später leidtun.
- Man sieht mehr auf das Tattoo als darauf, wie der Mensch wirklich aussieht.
- Jemand, der auffällige Tattoos trägt, wirkt wenig vertrauenswürdig.
- Tattoos können sich entzünden.
- Ich habe mal in einem Tattoostudio zugesehen.
- Tattoos lenken von der wahren Persönlichkeit ab.
- Tattoos sehen nicht schön aus.
- Tattoos kann man nicht mehr entfernen.
- Tattoos sind einfach lustig.
- Bei Männern wirken Tattoos gut, bei Frauen nicht.
- Mit einem Tattoo kann man seine Persönlichkeit unterstreichen.
- Wenn man ein Tattoo nicht mehr gut findet, kann man es einfach wieder entfernen.
- Die meisten Tattoos sieht man unter der Kleidung sowieso nicht.

2 Unterstreiche in dem folgenden Text Stellen, die du für die Argumente-Sammlung gebrauchen kannst. Achte aber darauf, ob sie dort schon erwähnt sind.

Aus ärztlicher Sicht kann man vor Tattoos nur warnen. Die größte Gefahr entsteht durch Tätowieren mit unsterilen Instrumenten. Dann kann es zu schweren Entzündungen kommen. Man sollte zudem wenigstens einfache Tipps beherzigen, z.B. nur ein seriöses Tattoostudio wählen. Die frisch tätowierte Stelle muss unbedingt sauber gehalten werden. Sport ist zunächst verboten. Ein weiteres Problem liegt in den verwendeten Farbstoffen. Sie können giftige Stoffe enthalten. Bei manchen Menschen rufen sie allergische Reaktionen hervor. Rötungen und Schwellungen sind dann die Folge, bis hin zu allergischen Schockreaktionen. Außerdem ist das Entfernen unerwünschter Tattoos nicht so einfach, wie es oft dargestellt wird. Völlig ohne sichtbare Spuren lassen sie sich nicht beseitigen.

Eine Argumentation verfassen

Ins Thema einführen

Zu Beginn einer Argumentation führst du den Leser in das Thema ein. Sein Interesse soll geweckt werden. Er soll erfahren, um welche strittige Frage es geht. Du kannst dazu auch ein Gegenargument zum eigenen Standpunkt aufgreifen. Das kannst du dann später im Text widerlegen. Hierbei musst du natürlich für dich geklärt haben, welchen Standpunkt du zu dem Thema einnehmen willst.

3 In das Thema „Tattoos – Schmuck für die Ewigkeit?" kann man auf unterschiedliche Weise einführen.
- Ergänze die vorgeschlagenen Formulierungen so, dass sie zu dem Thema und zu deinem Standpunkt passen.
- Markiere anschließend die Formulierung , die du für besonders passend und gelungen hältst.

Nimm ein persönliches Erlebnis oder eine Beobachtung zum Ausgangspunkt: *In der letzten Woche hatte ich die Gelegenheit, ein Tattoostudio zu besuchen. Dabei wurde mir klar, dass* __________

Weise auf eine allgemeine Tatsache hin: *Es ist heute zu einer richtigen Mode geworden,* __________

Gib Zahlenmaterial an: *Wenn man die veröffentlichten Zahlen berücksichtigt, so muss man feststellen* __________

Gehe von einer gestellten Frage aus: *Immer wieder begegnet uns die Frage* __________

Greife ein Gegenargument auf: *Manche meinen* __________

Eine Argumentation verfassen

Argumente mit Beispielen und Belegen stützen

Eine Argumentation ist wenig überzeugend, wenn einfach nur Argumente genannt werden. Die einzelnen Argumente müssen anschaulich und überzeugend verdeutlicht werden. Dazu kannst du eigene Erfahrungen, Aussagen von Experten (Ärzte, Eltern) und Erlebnisse anderer zur Stützung der Argumente anführen.

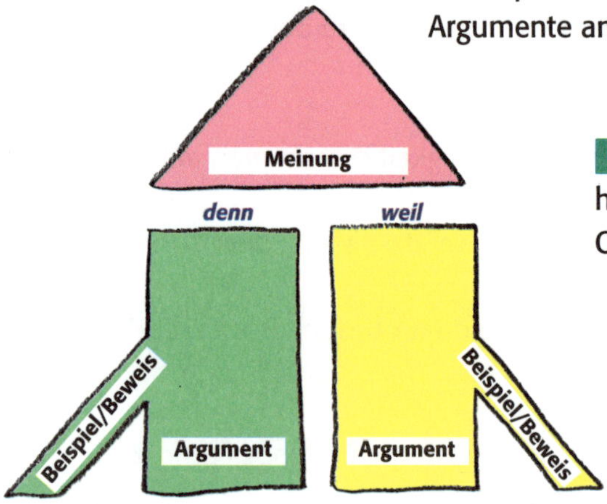

4 Zum Thema „Tattoos – Schmuck für die Ewigkeit" findest du hier ungeordnet Argumente und stützende Beispiele/Belege. Ordne sie einander zu, indem du sie mit Linien verbindest.

Argumente:

1. Durch Tattoos kann man die Aufmerksamkeit anderer auf sich lenken.
2. Ein Tattoo ist ein dauerhafter Körperschmuck.
3. Der Entschluss zu einem Tattoo kann einem später leidtun.
4. Jemand, der auffällige Tattoos trägt, wirkt wenig vertrauenswürdig.
5. Tattoos können sich entzünden.
6. Tattoos kann man nicht mehr entfernen.
7. Die meisten Tattoos sieht man unter der Kleidung sowieso nicht.

Beispiele und Belege:

A. Eine Freundin hat viel Geld für ein Rückentattoo ausgegeben. Aber sie trägt immer ein T-Shirt darüber.

B. Mein Hausarzt hat mir Bilder von Tattoos gezeigt, die nicht fachgerecht gestochen wurden.

C. Im Fernsehen zeigte ein Experte die Entfernung von Tattoos mit Lasertechnik. Es waren aber hinterher immer noch Spuren zu sehen.

D. Eine berühmte Schauspielerin hat sich den Namen ihres Freundes auf den Arm tätowieren lassen. Jetzt liebt sie einen anderen.

E. Ich habe schon mehrmals Armreife und Ketten verloren. Das kann mir mit einem Tattoo nicht passieren

F. Die Freundin steht gerne im Mittelpunkt. Mit dem neuen Tattoo auf dem Oberarm wird sie dauernd angesprochen.

G. Mein Vater sagt, er würde nie von jemandem ein Auto kaufen, der stark tätowiert ist.

Überprüfe dein Wissen und Können

Wenn du eine Argumentation verfassen willst, musst du die folgenden Arbeitsschritte beherrschen. Hier kannst du sie noch einmal üben. Bearbeite die Aufgaben in deinem Heft.

Argumente sammeln

1 Hier findest du einige strittige Themen. Schreibe mindestens je zwei Pro- und Kontra-Argumente dazu auf.

Schuluniformen – ein Ausweg aus dem Markenzwang?

Pausendisko in der Schule – Entspannung oder Lärmterror?

Soll jemand bestraft werden, der öffentlich auf den Boden spuckt?

Standpunkt klären, Argumente auswählen und ordnen

2 Wähle dir aus den Themen eines aus. Kläre deinen Standpunkt dazu. Suche zu den vorher gefundenen Argumenten zusätzlich noch ein Argument, das deinen Standpunkt unterstützt, und schreibe es auf.
Ordne die (drei) Argumente nach Wichtigkeit. Was dir am wichtigsten erscheint, steht am Ende.

Argumente stützen

3 Formuliere zu jedem deiner Argumente mindestens ein passendes Beispiel, eine Expertenaussage oder eine eigene Erfahrung als Stütze.

Ins Thema einführen

4 Führe in dein Thema ein. Greife dazu ein Gegenargument auf. Leite dann zu deinem eigenen Standpunkt über. Du kannst als Hilfe aus den folgenden Formulierungen auswählen oder eigene Formulierungen finden:

Oft hört man … *Manchmal wird die Meinung vertreten …*
Vor Kurzem vertrat unsere Klassenlehrerin die Meinung …
Manche Schüler / Lehrer / Eltern glauben … *…*

Andererseits jedoch … *Man könnte aber einwenden …*
Allerdings sehen das nicht alle so … *Aber …* *…*

Sätze verbinden, Gedankengänge verknüpfen

5 Verfasse eine Argumentation zu deinem Thema. Achte darauf, Sätze einzuleiten und Gedanken zu verknüpfen:

zunächst einmal *aber auch* *und deshalb* *allerdings*
oft *denn* *…*

WERKSTATT Rechtschreiben

Rechtschreibfehler finden – Rechtschreibfehler vermeiden

Es gibt einige gute Strategien, mit denen man Rechtschreibfehler vermeiden kann. Häufig geht es darum, andere Wortformen zu finden:

Tipp 1: *Schreibe ein schwieriges Wort mal so und mal so auf. Schreibe es auch in Druckschrift. Oft sagt dir das Gefühl, was richtig ist!*
~~kapputt~~ ~~kaput~~ ~~kapput~~ kaputt

Tipp 2: *Lies, was du geschrieben hast, nicht, was du schreiben wolltest: Sprich langsam und deutlich und zerlege dabei das Wort in Silben. Beispiel: Wel-ten-bumm-ler.*

Tipp 3: *Verlängere einsilbige Wörter um eine Silbe. Der nächste Buchstabe soll ein Vokal sein. Beispiel: raubt – rau-ben.*

Tipp 4: *Stelle Wörter mit offenen und geschlossenen Silben gegenüber. Beispiel: schie-fe – Schif-fe, Mie-te – Mit-te.*

Tipp 5: *Trenne den Wortteil mit dem Problembuchstaben ab und verlängere ihn. Beispiele: Pappplakat: Papp+Plakat – Pappe, bisschen: biss+chen – Bis-sen.*

Tipp 6: *Suche hilfreiche verwandte Wortformen. Beispiel: säuerlich – sauer, Fahrrad – fahren: einmal h, immer h.*

Tipp 7: *Denke an die Bedeutung der Wörter. Probiere sie im Satzzusammenhang aus. Beispiel: Mann und man –* ***Der Mann*** *hofft –* ***Man*** *kann, wenn* ***man*** *will.*

Tipp 8: *Denke an Rechtschreibregeln. Beispiel: morgen Nachmittag – Adverb + Tageszeit: Adverb klein, Tageszeit (Nomen) immer groß.*

Tipp 9: *Wende die Betonungsprobe an: Die Hauptbetonung liegt bei Zusammenschreibung meistens auf dem ersten Teil der Wortzusammensetzung. Beispiel: abfahren, aneinanderfügen, richtigstellen (berichtigen), schwerfallen (sich Mühe geben).*

1 Welches der vier Wörter einer Wortreihe ist falsch geschrieben? Unterstreiche es. Schreibe daneben die Ziffer der Lösungshilfe, die man anwenden sollte, um einen solchen Fehler zu vermeiden.

Tipp ____	a	du beisst	du presst	du isst	du lässt
Tipp ____	b	Maß	Gefäß	Gaß	heiß
Tipp ____	c	Ausweis	Ausguss	Ausschluss	aussen
Tipp ____	d	Eis	Eiweis	Gleis	Greis
Tipp ____	e	Kongres	Spaß	Gruß	Nuss
Tipp ____	f	mündlich	tätlich	gütich	hässlich
Tipp ____	g	neblig	heimlich	farblich	eklich
Tipp ____	h	zersteuben	scheuchen	scheußlich	Scheune
Tipp ____	i	schäumen	Fäulnis	beugen	greulich
Tipp ____	j	meutern	Ungehäuer	streuen	Gebäude

Rechtschreibfehler finden – Rechtschreibfehler vermeiden

2 **Streiche das falsch geschriebene Wort durch. Begründe deine Entscheidung:**

a Wenn Jens *Fahrrad fährt / fahrradfährt*, muss sein Hund immer *nebenherlaufen / neben herlaufen / nebenher laufen*.
b Nach der gestrigen Feier ist Julian *das aufstehen / das Aufstehen heute morgen / heute Morgen schwergefallen / schwer gefallen*.
c Der Ablauf der Abschlussfeier ist genau *fest gelegt / festgelegt*.
d *Wisst / Wißt* ihr schon das *neuste / Neuste*?
e Im *Rechnen / rechnen* ist Kyra ein richtiges *As / Ass*.
f Beim *Rad fahren / Radfahren / radfahren*, *schwimmen / Schwimmen* und *Laufen / laufen* tun sich Ausdauersportler durch ihre *Zäheit / Zähheit* hervor.
g Ein *Quäntchen / Quentchen / quäntchen / quentchen* Glück braucht man auch, um einen passenden Job zu finden.
h In der Zeitung stand, *das / dass* Schalke schon wieder verloren hat.
i Einmal um die Welt reisen! – *Das / Dass* wäre wunderbar!
j *Das / Dass* das Rechtschreiben schwer ist, muss einmal gesagt werden.
k *Das / Dass* die Arbeiten *schlechtausgefallen / schlecht ausgefallen / schlecht aus gefallen* sind, hat natürlich viele Gründe.
l Die Beendigung des *zweiten / Zweiten* Weltkrieges, *das / dass* war 1945, war eine Erleichterung für alle.

3 **Setze die passenden Wörter aus der Randspalte ein. Manchmal musst du ihre Form ändern:**

Stiel / Stil / stiehlt

Der ______________ des Baus gefällt mir. Er schreibt einen flüssigen ______________. Der ______________ des Besens ist ihr durchgebrochen. Er ______________ ihr noch die Butter vom Brot. Er ______________ sich heimlich davon.

wieder / wider / erwidern

Du hast die Hausaufgaben ______________ nicht! Er ______________, dass er sie morgen nachholt. Das Urteil ist voller ______________sprüche. Er hat ______________ besseres Wissen Unwahres gesagt. Hol den Ball ______________!

Mal / Mahl

Du bist schon zwei ________ zu spät gekommen. Das Denk ________ steht auf dem Marktplatz. Gestern gab es ein köstliches ________.

Rechtschreibfehler finden – Rechtschreibfehler vermeiden

1 In den beiden Texten sind einige Wörter unterschiedlich geschrieben. Unterstreiche sie. Achte darauf, möglichst zeitsparend zu arbeiten. Überlege deshalb, wie man am besten vorgehen sollte, um diese Aufgabe zu lösen.

Wale durch Schiffslärm schwerhörig

Immer mehr schwerhörige Wale stoßen in den hochfrequentierten Schiffahrtswegen um die Kanarischen Inseln mit Schiffen zusammen. Die Meeressäuger sind offenbar durch den Lärm des Schiffsverkehrs fast taub geworden. Wie das Magazin GEO in Hamburg berichtete, hat die untersuchung der Ohren toter Pottwale ergeben, dass die Tiere genau in dem Frequenzbereich Gehör geschädigt waren, in dem sich das Gereusch von Schiffsmotoren und -schrauben bewegt. Den Angaben zufolge untersuchten die Wissenschaftler der amerikanischen Harvard-Universität zwei Pottwale, die bei Kolisionen mit Schiffen getötet worden waren. Die Folgen des Lärms – der im Wasser weitaus stärker zuhören ist als in der Luft – wurden als dramatisch geschildert. Da der Gehörschaden die Tiere bei der Suche nach Fischschwärmen und anderer Beute behindert, finden sie nur noch schlecht Nahrung. Zu dem sei die Kommunikation untereinander gestört, weshalb die Population möglicherweise zum aussterben verurteilt sei, hieß es. Die Wale senden ackustische Signale aus, um sich untereinander zu verständigen. Da ihre Signale von Lebewesen und sonstigen Objekten reflektirt werden, können die Tiere auch Beute orten und sich im Wasser orientieren.

Wale durch Schiffslärm schwerhörig

Immer mehr schwerhörige Wale stoßen in den hochfrequentierten Schifffahrtswegen um die kanarischen Inseln mit Schiffen zusammen. Die Meeressäuger sind offenbar durch den Lärm des Schiffsverkehrs fast taub geworden. Wie das Magazin GEO in Hamburg berichtete, hat die Untersuchung der Ohren toter Pottwale ergeben, das die Tiere genau in dem Frequensbereich gehörgeschädigt waren, in dem sich das Geräusch von Schiffsmotoren und -schrauben bewegt. Den Angaben zu Folge untersuchten die Wissenschaftler der amerikanischen Harvard-Universität zwei Pottwale, die bei Kollisionen mit Schiffen getötet worden waren. Die folgen des Lärms – der im Wasser weit aus stärker zu hören ist als in der Luft – wurden als dramatisch geschildert. Da der Gehörschaden die Tiere bei der Suche nach Fischschwärmen und anderer Beute behindert, finden sie nur noch schlecht Nahrung. Zudem sei die Komunikation untereinander gestört, weshalb die Population möglicherweise zum Aussterben verurteilt sei, hieß es. Die Wale senden akustische Signale aus, um sich unter einander zu verständigen. Da ihre Siegnale von Lebewesen und sonstigen Objekten reflektiert werden, können die Tiere auch Beute orten und sich im Wasser orientieren.

Rechtschreibfehler finden – Rechtschreibfehler vermeiden

2 Welche Schreibweise der Wörter, die du in den beiden Texten auf der gegenüberliegenden Seite unterstrichen hast, ist die richtige? Streiche die falsche Schreibweise durch.

3 Mache mindestens zu fünf Fehlern aus den beiden Texten „Musterberichtigungen“:
- Schreibe das Wort oder den Satz mit dem Fehlerwort auf.
- Markiere im Wort oder Satz die Fehlerstelle.
- Notiere eine Regel oder einen Tipp in Kurzform, womit man den Fehler vermeiden kann.
- Suche weitere Wort- oder Satzbeispiele (verwandte Wörter, ähnliche Wörter, Ausdrücke und Satzmuster mit der entsprechenden Rechtschreibschwierigkeit) und schreibe sie dazu.

Schifffahrtswege

Schifffahrt mit drei f, weil Schiff + Fahrt

Sauerstoffflasche, Flusssand, Schwimmmeister ...

4 Nutzt den Text für ein Partnerdiktat.

WERKSTATT Rechtschreiben

Im Rechtschreibwörterbuch nachschlagen

¹Gie|bel, der; -s, - (ein Fisch)
²Gie|bel, der; -s, - (senkrechter Dachabschluss); Gie|bel|fens|ter; gie|be|lig, gieb|lig; Gie|bel|wand; gie|be|lig, gie|bellig
Giek|baum (*Seemannsspr.* Rundholz für Gaffelsegel)
Gie|men, das; -s (krankhaftes Atmungsgeräusch)
Gien, das; -s,-e ‹engl.› (*Seemannsspr.* starker Flaschenzug); Gien|block *Plur.* ...blöcke
Gien|gen an der Brenz [ˈgɪŋən - - -] (Stadt in Baden-Württemberg)
Gie|per, Jie|per, der; -s (*bes. nordd. für* Gier, Appetit); einen Gieper auf etwas haben; gie|pern, jie|pern; ich giepere nach etwas; giep|rig, jiep|rig
Gier, die; -
¹gie|ren (gierig sein)
²gie|ren ([von Schiffen, Flugzeugen] seitlich abweichen); Gier|fäh|re (Seilfähre)
gie|rig; Gie|rig|keit, die; -
Gier|sch, der; -[e]s (*landsch. für* Geißfuß [ein Wiesenkraut])
Gieß|bach
gie|ßen; du gießt; ich goss, du gossest; du gössest; gegossen; gieß[e]!
Gie|ßen (Stadt a. d. Lahn)
Gie|ßer; Gie|ße|rei; Gie|ße|rin
Gieß|form; Gieß|harz
Gieß|kan|ne; Gieß|kan|nen|prin|zip, das; -s; etwas nach dem Gießkannenprinzip (unterschiedslos, willkürlich) verteilen
¹Gift, das; -[e]s , -e
²Gift, das; -[e]s (*bes. südd. für* Ärger, Zorn); einen Gift auf jmdn. haben
gif|teln (*österr. ugs. für* Drogen konsumieren)
gif|ten (*ugs. für* gehässig reden); sich giften (sich ärgern); das giftet mich
gift|fest; gift|frei
Gift|gas; gift|grün
gif|tig; Gif|tig|keit; die; -
Gift|ler (*österr. ugs. für* Drogenkonsument); Gift|le|rin
Gift|mi|scher; Gift|mi|sche|rin
Gift|mord; Gift|müll
Gift|nu|del (*ugs. für* boshafter Mensch)
Gift|pflan|ze; Gift|pilz
Gift|schlan|ge; Gift|schrank; Gift|sta|chel; Gift|stoff; Gift|zahn
Gift|zwerg (*ugs. für* boshafter Mensch)

1 Wenn du im Wörterverzeichnis eines Wörterbuches nachschlägst, findest du nicht nur Hinweise zur Schreibweise eines Wortes.

Beantworte die folgenden Fragen mit dem Auszug aus dem Duden:

a Welche Abkürzungen findest du dort und wofür stehen sie?

____

____

b Was bedeutet unter der ersten Silbe von *Gift* der Punkt, unter der ersten Silbe von *Giebel* der Strich?

____

c Was bedeuten die senkrechten Striche bei *Giftmischerin*?

____

d Was vertritt der waagerechte Strich innerhalb der Einträge, z. B. bei den Nomen *Giebel, Giemen, Gien* oder *Gift*.

____

e Wie heißt der Konjunktiv II von *gießen*? ______________________

f Welche anderen Formen zum Verb *gießen* werden angegeben? Streiche die Angaben, zu denen du keine Hilfe bekommst, durch:

Präsens Futur I Plusquamperfekt Partizip Präsens Partizip Perfekt Konjunktiv I Konjunktiv II Präteritum Imperativ Singular Imperativ Plural

g Was ist mit *Giersch* gemeint, welches grammatische Geschlecht (Genus) hat das Wort und wie heißen die möglichen Genitivformen?

____

h Welche Hinweise schließen die runden Klammern ein?

____

i Du findest die Begriffe *Giebel, gieren* und *Gift* jeweils zweimal als Stichwort abgedruckt. Warum ist das nötig?

____

Im Rechtschreibwörterbuch nachschlagen

1 In der Randspalte (S. 38) findest du die Aussprachebezeichnung ['gɪŋən] (phonetische Schreibung). Wo steht sie und warum ist sie bei diesem Wort angegeben?

____

2 Fasse zusammen, welche wichtigen Angaben man im Wörterverzeichnis des Dudens zu einem Wort findet.

____

____

____

____

____

3 Einige Nomen haben gar keine, andere mehrere Genitivformen, andere haben eine besondere Plural- oder sogar mehrere Pluralformen.
Setze die Wörter aus der Randspalte mit den verschiedenen Möglichkeiten ein. Nutze dabei ein Wörterbuch.

Atlas Wir sollten eine Seite ______________ besonders genau anschauen.

Kaktus Der Stamm eines ______________ dient als Wasserspeicher.

Lexikon Die Benutzung des ______________ auch während einer Deutscharbeit ist sinnvoll, um Fehler zu vermeiden.

Kaktus Viele ______________ blühen, wenn man sie sorgfältig versorgt und pflegt.

Komma Überprüfe, ob du alle ______________ in deinem Text gesetzt hast.

Lexikon Häufig braucht man spezielle ______________, um die Bedeutung eines Wortes zu ermitteln.

Urlaub Über unsere ______________

Album gibt es inzwischen viele ______________.

Groß oder klein?

Nomen kann man an ihren Begleitern erkennen:

40-Jähriger nimmt nächtelang vom Auto Abschied

Aus Schmerz über den bevorstehenden Verkauf seines Autos hat ein 40-jähriger Mann im oberbayerischen Altötting mehrere Nächte in seinem Gefährt verbracht. Wie die Polizei mitteilte, war der Mann im parkenden Auto einer Anwohnerin aufgefallen, weil er sich duckte, wenn sie vorbeiging. Bei einer Kontrolle sagte der Mann, er müsse sich aus finanziellen Gründen von seinem treuen Ford trennen. Um Abschied zu nehmen, verharre er in dem Wagen. Die Beamten empfahlen dem Mann, seinen Schmerz daheim auszuleben, was er dann auch tat.

1 Unterstreiche in der Zeitungsmeldung alle Nomen, die einen Begleiter haben, mit ihren Begleitern.

die	mein	am
beim	dein	das
deinem	der	sein
ein	den	unser
zum	euer	vom
dem	aufs	meinem
ins	ihr	

2 Auch die Wörter auf dem Zettel können Begleiter von Nomen sein. Ordne sie in die richtige Spalte der Tabelle ein:

Artikel	Pronomen	Präposition + versteckter Artikel
die	*mein*	*am*

3 Viele Nomen kann man auch an ihren Endungen -heit, -keit, -ung oder -nis erkennen. Ergänze die Endung der folgenden Nomen und schreibe das Adjektiv oder Verb dahinter, von dem das Wort abgeleitet ist:

Versöhn*ung – versöhnen*	Wirklich
Hinder	Allgemein
Bedeut	Verständ
Gesund	Nachlässig
Verdeutlich	Versäum
Feuchtig	Klar

Groß oder klein?

Adjektive und Verben, die als Nomen gebraucht werden, nennen wir **nominalisierte Verben** und **nominalisierte Adjektive.**

Wenn Verben und Adjektive wie Nomen gebraucht werden, haben sie wie Nomen häufig Begleiter:

sein Gutes das Reisen vom Reisen umweltfreundliches Reisen
unser Zusammenleben viel Gesundes die Älteren
beim Fotografieren ihr Auftreten wenig Bekanntes das Wunderbare
ins Ungewisse erfreuliches Wiedersehen nichts Natürliches
freundliches Winken

1 Unterstreiche die nominalisierten Adjektive mit ihren Begleitern rot und die nominalisierten Verben mit ihren Begleitern blau.

2 Ordne nun die Ausdrücke mit ihren Begleitern in die richtige Spalte der Tabelle. Ergänze zunächst die fehlenden Spaltenüberschriften.

mit Artikel			**mit Adjektiv**	**mit Mengenwort**
	sein Gutes	vom Reisen		

3 Füge noch eigene Beispiele hinzu.

4 Benutze einige Ausdrücke in Sätzen. Unterstreiche die Verben und Adjektive, die als Nomen gebraucht werden.

Groß oder klein?

Nominalisierte Verben

Verben können zu Nomen werden. Sie stehen dann oft mit Wörtern wie ***zum, beim, im, zu dem, für das, nach dem …,*** mit dem Artikel ***das*** oder einem Adjektiv.
Beispiel: ***Beim Tragen verrenkte er sich seinen Rücken.***
Das Tragen fällt ihm schwer.
Schweres Tragen fällt ihm schwer.

1 **Welche Verben werden im folgenden Text als Nomen gebraucht? Unterstreiche sie mit dem Begleiter.**

Ofenkartoffeln mit Sauerrahm

Mit einer Schüssel Salat ein herrliches Sommergericht: Den Backofen zum Aufheizen auf ca. 220 Grad einstellen. Pro Person eine besonders große, mehlige Kartoffel nach sorgfältigem Reinigen auf ein Stück Alufolie legen. Vor dem Einwickeln auf jede Kartoffel ein Stück Butter setzen. Dann die Folie fest verschließen. Die Kartoffeln zum Backen für 50 bis 60 Minuten in den Backofen schieben. Für das Zubereiten der Soße ein Bund Schnittlauch nach dem Waschen und Trocknen in Röllchen schneiden. Die Röllchen mit Sauerrahm zum Verrühren und Würzen in eine Schüssel geben. Nach dem Backen mit der Gabel eine Garprobe machen. Zum Servieren kann man die Kartoffel ganz auspacken oder in der geöffneten Folie belassen. Kartoffeln oben einschneiden. Nach dem Einschneiden das weiche Innere mit beiden Händen etwas herausdrücken und darauf ein wenig Sauce geben, den Rest separat servieren.

2 **In den folgenden Sätzen sind alle nominalisierten Verben kleingeschrieben. Berichtige ihre Anfangsbuchstaben.**

a Eine Hauptaufgabe der Goldschmiede ist das künstlerische gestalten.
b Das suchen nach Fehlern oder Schäden am Auto, das ausbauen und austauschen verschlissener Teile sind wichtige Aufgaben der Kraftfahrzeugmechaniker/innen.
c Wesentliches Merkmal der Baukeramiker/innen ist, dass ihre Produkte z. B. durch modellieren, freies aufbauen sowie durch einformen und gießen in Gipsformen entstehen.
d Zu den Tätigkeiten der Holzblasinstrumentenmacher/innen gehört das bearbeiten der Einzelteile durch drehen auf der Werkbank, das durchbohren, schleifen, polieren, lackieren und das einbauen der Klappen, Griffe und sonstiger Bedienungstechnik.

Manchmal fehlt ein Begleiter, dann muss man ihn zur Probe gedanklich ergänzen.

3 **Formuliere das Rezept oder Sätze zu Aufgabe 2 so um, dass die nominalisierten Verben zu Verben werden und kleingeschrieben werden müssen. Löse die Aufgabe auf einem Zusatzblatt.**

Groß oder klein?

Nominalisierte Adjektive

Adjektive können als Nomen gebraucht werden und werden dann großgeschrieben. Vor den Adjektiven stehen dann oft als Begleiter
a) Artikel (*der, ein* …) oder
b) Wörter wie ***viel, wenig, alles, manches, etwas, nichts.***
Auf die Großschreibung der Adjektive weisen auch ihre Endungen (*-e, -en, -es*) hin.
Beispiel: *gut – etwas Gutes.*

1 Korrigiere den Anfangsbuchstaben in den Fällen, in denen *dumm* als Nomen gebraucht wird:

a) Tom war wieder mal der dumme, denn ihn hatte man erwischt.

b) Wenn der mir dumm kommt, wird er mich kennen lernen.

c) Etwas dümmeres konnte dir auch nicht einfallen.

d) Er muss mich ständig dumm von der Seite anquatschen.

e) Der guckte ganz schön dumm aus der Wäsche, als er mich sah.

f) Hast du einen dummen gefunden, der den Abwasch macht?

g) Der ständige Streit wird ihnen allmählich zu dumm.

2 Begründe die Großschreibung der Adjektive, indem über den Begleiter den betreffenden Kennbuchstaben aus dem Regelkasten schreibst und die Endungen der nominalisierten Adjektive besonders markierst.

3 Setze die Adjektive richtig ein:

a) Wenn es (hart) ____________ auf (hart) ____________ geht, wird er bestimmt kneifen.

b) Drei Wochen Computerverbot; das ist doch wohl die (hart) ____________.

c) Mit dem Verdacht hat die Polizei auf Anhieb ins (schwarz) ____________ getroffen.

d) Im Stadion herrscht eine gähnende (leer) ____________.

e) Sie ist wohl mit dem (falsch) ____________ Bein aufgestanden.

f) Er hat nichts (gut) ____________ über sie erzählt.

g) Die beiden Rowdys gerieten an den (falsch) ____________.

h) Die Luft war so stickig, dass ihr beinahe (schwarz) ____________ vor Augen wurde.

i) Er hat sich etwas besonders (klug) ____________ einfallen lassen.

j) Aus dem bin ich nicht (klug) ____________ geworden.

k) Sie versprachen den (klein) ____________ das (blau) ____________ vom Himmel.

l) Im (allgemein) ____________ hat er viel (wahr) ____________ berichtet.

WERKSTATT Rechtschreiben

Groß oder klein?

Bezeichnungen für Farben können als Adjektive oder als Nomen verwendet werden. Entsprechend werden sie groß- oder kleingeschrieben.

1 Setze beliebige Farben in die Lücken ein. Achte aber auf die Groß- und Kleinschreibung. Im Zweifelsfall schlage im Wörterbuch nach.

a) Sie trägt nichts ________________.

b) Wir liefern auch in ________________ oder ________________.

c) Sie liebt ________________ und hasst grelles ________________.

d) Die ________________ Ampel sprang auf ________________.

e) Sie kaufte sich ein Paar ________________ Schuhe.

f) Das ________________ steht ihr besonders gut.

g) Morgen machen wir eine Fahrt ins ________________.

h) Bernd trägt eine ________________ karierte Krawatte.

Ein Adjektiv oder ein Partizip mit Artikel oder einem anderen Begleiter wird dann kleingeschrieben, wenn es ein **Attribut zu einem** vorhergehenden oder nachfolgenden **Nomen** ist.

Beispiel: *Sie ist die mutigste der Schülerinnen und auch die klügste.*

2 Streiche in den blauen Wörtern den falschen Anfangsbuchstaben durch. Beachte die Hinweise im Regelkasten:

a) Von allen Land-Säugetieren der Erde ist der Elefant *das S/schwerste*.
b) Rosen mag ich sehr gern, besonders die *G/gelben*.
c) Das *N/neue* Glück ist morgen schon das *A/alte*.
d) Der *S/schwerere* bringt mit Sicherheit das *G/größere* Gewicht auf die Waage.
e) Eine Woche waren wir während der Ferien an der Nordsee, es war die *S/schönste* unseres Urlaubs.

3 Schreibe aus den Sätzen die Adjektive mit ihren Bezugswörtern heraus:

das schwerste Landsäugetier, ________________

____

____

Groß oder klein?

Großschreibung von Namen

In **Namen** schreibt man Adjektive, Partizipien und Zahlen groß:
das Neue Testament.

1 Entscheide jeweils in den Wortgruppen **a** – **j**, ob das Adjektiv Bestandteil eines Namens ist oder nicht. Streiche den falschen Anfangsbuchstaben durch. Beachte dabei die Schreibregel. Wenn du unsicher bist, schlage im Wörterbuch nach.

a *die n/Neue Mode, die n/Neue Welt* (Amerika), *das n/Neue Testament*
b *die w/Westfälische Landschaft, der w/Westfälische Friede*
c *das s/Stille Wasser, das s/Stille Kind, der s/Stille Ozean*
d *das r/Rote Meer, das r/Rote Kleid, der r/Rote Platz* (in Moskau)
e *der e/Erste Mai, der e/Erste Weltkrieg, das e/Erste Programm*
f *der g/Gelbe Fluss* (in China), *die g/Gelbe Karte, das g/Gelbe Tuch*
g *die g/Großen Ferien, der g/Große Bär* (Sternbild)
h *das e/Ewige Eis, das e/Ewige Leben, die e/Ewige Stadt* (Rom)
i *die r/Rote Beete, der r/Rote Faden, das r/Rote Kreuz* (Organisation)
j *die g/Grüne Lunge, die g/Grüne Insel* (Irland), *die g/Grüne Welle*

Groß- und Kleinschreibung der Zeitangaben

Groß schreibt man **Wochentagsnamen** und **Zeitangaben nach Adverbien**: *Sonntag, morgen Abend* …
Klein schreibt man **Zeitadverbien**: *nachts* …

2 Setze die folgenden Zeitangaben der Reihe nach richtig in den Text ein:
HEUTE, MORGENS, NACHMITTAGS, ABEND, NACHMITTAG, NACHTS, MORGEN, ABEND, MITTAG, NACHMITTAGS, ÜBERMORGEN, NACHT, ÜBERMORGEN.

Wettervorhersage

Das sonnige Wetter setzt sich ______________ bei uns fort. Es ist ______________ überwiegend sonnig. Im Laufe des ______________ entstehen dann Quellwolken. Örtlich gibt es gegen ______________ Schauer oder Gewitter. Am ______________ wird es mit Höchstwerten zwischen 35 und 37 Grad sehr heiß; ______________ sinken die Temperaturen auf Werte zwischen 18 und 19 Grad. Weitere Aussichten: Bis ______________ ______________ wechseln sich Sonnenschein und Wolken ab und gegen ______________ oder ______________ kommt es zu einzelnen Regengüssen. Wechselhaftes Wetter mit Schauern erwartet uns auch ______________. Dabei werden nur noch 17 Grad erreicht. In der darauffolgenden ______________ lässt die Regenneigung nach. Mit hochsommerlichen Temperaturen können wir ______________ rechnen.

3 Markiere die Nomen und Adverbien unterschiedlich.

Getrennt oder zusammen?

Adjektiv + Verb

Verbindungen aus Adjektiv + Verb werden immer dann zusammengeschrieben, wenn dadurch ein Wort mit einer neuen Bedeutung entsteht.

Die Betonung liegt auf dem ersten Wortbaustein des neuen Begriffs:
Der Richter wird den Angeklagten <u>frei</u>sprechen.
Er wird ihn nicht <u>schuldig</u>sprechen.

1 Setze die Wortverbindungen aus Adjektiv und Verb in der richtigen Schreibweise ein. Führe als Entscheidungshilfe auch die Betonungsprobe durch und unterstreiche den betonten Wortbaustein.

fest?halten
Wir sollten wichtige Aussagen schriftlich ______________________.
Wir mussten den Lenkdrachen ganz ______________________.

schön?färben
Jede Kleinigkeit muss er ______________________.
Wir wollen die Tücher noch ______________________.

gut?machen
Unsere Arbeit werden wir schon ______________________.
Den Schaden müssen wir schnell ______________________.

schwer?fallen
Die Übung ist ihm ______________________.
Sie ist auf der Treppe ______________________.

2 Bilde kurze Sätze mit den Wortgruppen der Randspalte. Sie sollen mal getrennt, mal zusammengeschrieben werden.

flott machen ______________________.

flottmachen ______________________.

sicher gehen ______________________.

sichergehen ______________________.

schief lachen ______________________.

schieflachen ______________________.

fest nehmen ______________________.

festnehmen ______________________.

Getrennt oder zusammen?

zu + Verb

Während des Referats muss man zuhören. *Es war nichts zu hören.*
Bei der Arbeit muss man zupacken. *Es ist noch ein Paket zu packen.*
Er musste den Diebstahl zugeben. *Er ist zu geizig, etwas zu geben.*

1 Lies dir die Sätze oben betont vor und überlege,
– ob die Verben mit *zu* in den Satzpaaren unterschiedlich betont werden.
– ob es einen Bedeutungsunterschied gibt.

2 Ergänze die folgende Schreibhilfe:

Zu + Verb wird zusammengeschrieben, wenn ______________________

____

3 Setze jeweils das Wörtchen *zu* ein. Entscheide, ob es vom Verb getrennt oder mit dem Verb zusammengeschrieben wird. Mache die Getrenntschreibung durch einen großen Wortzwischenraum deutlich.

a) Es war eine Frechheit, Bernd ohne jeden Grund _____ stoßen.
b) Ein so hartes Spiel hätte der Schiedsrichter nicht _____ lassen sollen.
c) Eine solche Tat möchte ich ihm nicht _____ trauen.
d) Ich warne dich, ihm _____ trauen.
e) Vergiss nicht, rechtzeitig zum Essen _____ kommen.
f) Bei dem Tumult hätte den Spielern leicht etwas _____ stoßen können.
g) Es war falsch, den gegnerischen Spielern den Ball _____ lassen.
h) Er versprach, noch einmal aus dem Zug _____ winken.
i) Sie hat ihm zum Dank ein Geschenk _____ kommen lassen.
j) Er ist auf sie _____ gekommen.

4 Vervollständige den folgenden Satz mit weiteren Aufzählungen. Benutze dazu einige Verben der Randspalte. Acht auf das doppelte *zu*!

zuschließen
zuklappen
zukleben
zuschnüren
zubinden
zuknöpfen
zuschrauben
zuknoten

Oft vergisst man, das Fenster zuzumachen, ______________________

____

____

____

____

____

WERKSTATT Rechtschreiben

Fach- und Fremdwörter

Du findest diese Fachwörter im Nachschlageteil des „wortstark" Schülerbandes. Sie sind dort erklärt.

Eine **Fachsprache** unterscheidet sich von der normalen Sprache vor allem durch die Fachwörter, die man lernen muss.

Wichtige Fachwörter der Sprache der Grammatik sind z. B.:

Adjektiv Akkusativ Aktiv Artikel Attribut Dialekt Genitiv Imperativ Indikativ Infinitiv Konjunktion Metapher Objekt Passiv Perfekt Prädikat Subjekt Suffix …

1 Markiere in den Fachwörtern im Merkkasten die Rechtschreibschwierigkeit. Wenn du ein Wort nicht verstehst, schlage seine Bedeutung nach.

2 Markiere in den Beispielwörtern der einzelnen Spalten der Tabelle das gemeinsame Rechtschreibproblem und ergänze dann die fehlenden Spaltenüberschriften.

3 Ordne die grammatischen Fachwörter aus dem Merkkasten in die richtige Spalte der Tabelle ein. Einzelne Wörter kannst du mehrfach zuordnen.

4 Sammle weitere Fremdwörter, markiere die Rechtschreibschwierigkeit und ergänze mit ihnen die Tabelle. Musst du Spalten hinzufügen?

		Fremdwörter oft mit ph, rh, th	Fremdwörter oft mit i statt ie im Wortinnern	
Batterie	Dialekt	Physik	Kantine	
Quartett	praktisch	Rhythmus	Ventil	
destillieren	Kontakt		Krise	

5 Wähle fünf Wörter aus der Tabelle aus und suche zu ihnen mit dem Wörterbuch verwandte Wörter. Löse die Aufgabe auf einem Zusatzblatt.

Überprüfe dein Wissen und Können

1 Zu jedem Satz findest du hier vier unterschiedliche Schreibweisen. Unterstreiche jeweils die richtige.

❶ Du bist zwar Klein, aber nicht der Kleinste.
Du bist zwar Klein, aber nicht der kleinste.
Du bist zwar klein, aber nicht der Kleinste.
Du bist zwar klein, aber nicht der kleinste.

❷ Das teuerste ist ihm gerade Gut genug.
Das teuerste ist ihm gerade gut genug.
Das Teuerste ist ihm gerade gut genug.
Das Teuerste ist ihm gerade Gut genug.

❸ Die neue Aufnahme wird die Erfolgreichste.
Die Neue Aufnahme wird die erfolgreichste.
Die Neue Aufnahme wird die Erfolgreichste.
Die neue Aufnahme wird die erfolgreichste.

❹ Das wesentliche zuerst: Kommst du am Sonntag?
Das Wesentliche zuerst: Kommst du am Sonntag?
Das Wesentliche zuerst: Kommst du am sonntag?
Das wesentliche zuerst: Kommst du am sonntag?

❺ Bringt etwas warmes zum Trinken und warme Kleidung mit.
Bringt etwas Warmes zum Trinken und warme Kleidung mit.
Bringt etwas Warmes zum trinken und warme Kleidung mit.
Bringt etwas warmes zum trinken und warme Kleidung mit.

❻ Im Großen und Ganzen gibt es nichts erzählenswertes zu berichten.
Im großen und ganzen gibt es nichts erzählenswertes zu berichten.
Im Großen und Ganzen gibt es nichts Erzählenswertes zu berichten.
Im großen und ganzen gibt es nichts Erzählenswertes zu berichten.

❼ Der erste Mai ist ein historischer Tag. Am ersten April neckt man sich.
Der Erste Mai ist ein historischer Tag. Am Ersten April neckt man sich.
Der Erste Mai ist ein historischer Tag. Am ersten April neckt man sich.
Der erste Mai ist ein historischer Tag. Am Ersten April neckt man sich.

❽ Ich möchte dich heute wiedersehen. Wir können uns mittags treffen.
Ich möchte dich heute wiedersehen. Wir können uns Mittags treffen.
Ich möchte dich heute wieder sehen. Wir können uns mittags treffen.
Ich möchte dich heute wieder sehen. Wir können uns Mittags treffen.

❾ Die Vermissten wurden erst nach endlosem suchen gefunden.
Die vermissten wurden erst nach endlosem Suchen gefunden.
Die vermissten wurden erst nach endlosem suchen gefunden.
Die Vermissten wurden erst nach endlosem Suchen gefunden.

2 Streiche immer die falsche Schreibweise des Fremdwortes durch:

Labyrint – Labyrinth   Akusativ – Akkusativ   Globusse – Globuse
Krokodiel – Krokodil   Baterie – Batterie   Kariere – Karriere
Program – Programm   Gardiene – Gardine   Dativ – Datiev
Gulli – Gully   Ballade – Balade   Kriese – Krise   Razia – Razzia
Kommentar – Komentar   Kantiene – Kantine   korekt – korrekt

Sprache

Die Wortarten: Überprüfe dein Wissen und Können

Die Wörter unserer Sprache können wir sieben **Wortarten** zuordnen:

Die **deklinierbaren** und **konjugierbaren** Wörter:
1. Nomen: *der Löwe, die Zange, das Glück, eine <u>Drei</u>* …
2. Pronomen (einschließlich der Artikel): *der, eine, sie, uns, niemand* …
3. Verben: *schreiben, denken, schlafen* …
4. Adjektive: *groß, viereckig, gewaltsam, <u>sieben</u>* …

Die **nicht-flektierbaren** Wörter:
5. Adverbien: *heute, nirgends, deswegen, <u>erstens</u>* …
6. Konjunktionen: *und, weil, dass* …
7. Präpositionen: *auf, unter, durch* …

Die so genannten **Zahlwörter** (unterstrichen!) können diesen Wortarten zugeordnet werden.

BLÜHT
TROTZ
IMMER
LAUT
MEINETWEGEN
DANK
JENSEITS
DIESER

<table>
<tr><td colspan="4">TROST</td><td colspan="4">LANGEWEILE</td><td colspan="4">DURST</td></tr>
<tr><td colspan="4">DENN</td><td colspan="4">DANN</td><td colspan="4">TRÖSTEN</td></tr>
<tr><td colspan="4">OBWOHL</td><td colspan="4">ERSTENS</td><td colspan="4">TRAUERN</td></tr>
<tr><td colspan="4">SODASS</td><td colspan="4">NIEMALS</td><td colspan="4">TRÄUMEN</td></tr>
<tr><td colspan="4">SCHÖN</td><td colspan="4">LANGWEILIG</td><td colspan="4">TRAURIG</td></tr>
<tr><td colspan="3">UNTER</td><td colspan="3">DURCH</td><td colspan="3">UNSERE</td><td colspan="3">NIEMAND</td></tr>
<tr><td colspan="3">ÜBER</td><td colspan="3">AUF</td><td colspan="3">WIR</td><td colspan="3">DU</td></tr>
</table>

1 In diesem Kasten findest du Wörter aller sieben Wortarten. Umrahme oder markiere mit verschiedenen Farben die Wörter, die zu einer Wortart gehören. Wenn du es richtig gemacht hast, ergibt sich ein Muster.

2 Schreibe die Wörter im Kasten nach Wortarten geordnet auf. Füge ihnen die Wörter hinzu, die neben dem Kasten stehen. Vier von ihnen müssen mehrere Male untergebracht werden:

Nomen: ____________________

Verben: ____________________

Adjektive: ____________________

Pronomen: ____________________

Adverbien: ____________________

Konjunktionen: ____________________

Präpositionen: ____________________

Die Wortarten: Überprüfe dein Wissen und Können

In den Bergen

ALLE	DANACH
DENN	DURCH
EINIGE	GROß
IMMER	IN
JEDER	LETZTE
LIEGEN	OBEN
PLÖTZLICH	RAST
SEHEN	SIE
SOGLEICH	STEIL
TIERE	ÜBERRASCHUNG
UNS	WEIL
WEITER	WIEDER

1. Wir wanderten in der ______ (Adjektiv) Woche ______ (Präposition) die Berge.
2. Der Weg führte ______ (Adverb) bergauf.
3. Es ging ______ (Adjektiv) ______ (Präposition) den Wald hinauf.
4. Wir schwitzten, ______ (Konjunktion) es wurde ______ (Pronomen) heiß.
5. Als wir ______ (Adverb) aus dem Wald traten,
6. ______ (Verb) wir die Berge über uns ______ (Verb).
7. Wir machten erst einmal ______ (Nomen),
8. ______ (Konjunktion) wir ______ (Pronomen) Durst hatten.
9. ______ (Adverb) ging es ______ (Adjektiv).
10. ______ (Adjektiv) sahen wir ______ (Pronomen) Steinböcke.
11. Das war eine ______ (Adjektiv) ______ (Nomen)!
12. ______ (Pronomen) wollte ______ (Pronomen) ______ (Adverb) fotografieren.
13. Aber da waren die ______ (Nomen) ______ (Adverb) verschwunden.

1 Setze in die Sätze 1 – 13 die Wörter von dem blauen Zettel ein. Dabei musst du einige von ihnen konjugieren bzw. deklinieren.
Beachte: An manchen Stellen passen vom Sinn her mehrere Wörter – aber von der Wortart her nur eins. Du darfst also nicht nur raten, sondern musst die Wortart beachten!

14 NUR EINER DRÜCKTE GLÜCKLICHERWEISE RECHTZEITIG DEN AUSLÖSER. 15 SEIN BILD HABEN WIR DANN VERGRÖßERT UND IN DER KLASSE AUSGEHÄNGT.

2 Bestimme die Wortarten der Wörter in den Sätzen 14 und 15. Nicht von allen Wortarten kommen mehrere vor!

Nomen: ______

Präpositionen: ______

Verben: ______

Konjunktionen: ______

Adjektive: ______

Pronomen und Artikel: ______

Adverbien: ______

______

Die Zeitformen

Unsere Sprache kennt sechs **Zeitformen**. Einige Verben bilden die Zeitformen mit dem Hilfsverb ***sein (bin, ist, war)***, andere mit dem Hilfsverb ***haben (hat, hatte)***:

Präsens:	*Du kommst.*	*Du liest.*
Perfekt:	*Du bist gekommen.*	*Du hast gelesen.*
Präteritum:	*Du kamst.*	*Du lasest.*
Plusquamperfekt:	*Du warst gekommen.*	*Du hattest gelesen.*
Futur I:	*Du wirst kommen.*	*Du wirst lesen.*
Futur II:	*Du wirst gekommen sein.*	*Du wirst gelesen haben.*

Die Formen des **Imperativs** werden von der 2. Person abgeleitet:

Imperativ:	*Komm(e)!*	*Lies!*

1 Ergänze die folgenden Verbformen. Wenn du unsicher bist, schlage in einem Wörterbuch nach.

Infinitiv	Präsens	Imperativ	Präteritum	Partizip II
geben	du gibst	gib!	er gab	(er hat) gegeben
lesen	du liest		er las	gelesen
sehen				
essen				
treten				
treffen				
befehlen		befiehl!		
helfen				
messen	du misst	miss!	er maß	
nehmen				
sprechen				
stehlen		stiehl nicht!		
verderben		verdirb nicht!		
werfen				

Die Zeitformen verwenden

Manchmal werden die Hilfsverben ***haben, sein, werden*** wie Vollverben verwendet! Dann stehen sie allein – ohne andere Verben: ***Ich habe Hunger. Ich bin müde. Ich werde verrückt!***
Die Zeitformen sehen dann folgendermaßen aus:

	haben:	sein:	werden:
Präsens:	*Ich habe Hunger.*	*Ich bin müde.*	*Ich werde verrückt.*
Perfekt:	*Ich habe Hunger gehabt.*	*Ich bin müde gewesen*	*Ich bin verrückt geworden.*
Präteritum:	*Ich hatte Hunger.*	*Ich war müde.*	*Ich wurde verrückt.*
Plusquamperfekt:	*Ich hatte Hunger gehabt.*	*Ich war müde gewesen.*	*Ich war verrückt geworden.*
Futur I:	*Ich werde Hunger haben.*	*Ich werde müde sein.*	*Ich werde verrückt werden.*

Auf dem Bahnhof

1 Setze die Verben in den angegebenen Zeitformen ein.

Präteritum: Der Zug (einlaufen) ______________________.

Plusquamperfekt: Schon lange (warten) __________ Laura __________.

Präteritum: Nun (kommen) ______________________ der Zug endlich!

Präsens: Das (werden) ______________________ aber auch höchste Zeit!

Futur I: Ob Justus wohl (mitkommen) ______________________?

Perfekt: (Versprechen) ______________________ er es ihr jedenfalls!

Präteritum: Die Reisenden (aussteigen) ______________________.

Präteritum: Doch Justus (kommen) ______________________ nicht.

Perfekt: Er (verpassen) ________ doch wohl den Zug nicht __________?

Präsens: Plötzlich (sehen) ______________________ Laura jemanden winken.

Futur I: Das (sein) ______________ er wohl ______________!

Präteritum: Und tatsächlich, er (sein) ______________________ es!

Präsens: Und da (rennen) ______________________ sie ihm auch schon entgegen.

Präsens: Die beiden (fallen) ______________________ sich in die Arme.

Präteritum: Dann (gehen) ______________________ sie die Treppe hinunter.

Perfekt: Es (gehen) ______________ alles gut ______________!

Perfekt: Und Laura (haben) ______________ Glück ______________.

Konjunktiv I

Der **Konjunktiv I** dient vor allem der Umformung einer wörtlichen in die **indirekte Rede**. Die indirekte Rede ist eine **verkürzte Wiedergabe** der wörtlichen Rede:

Die Zeugin sagte: „Ja sicher, der dort auf der Anklagebank ist der Mann, den ich beobachtet habe."

→ Die Zeugin sagte, dass sei der Mann, den sie beobachtet habe.

Durch die Formen der Verben wird im Textzusammenhang deutlich, welche Sätze der Sprecher selbst äußert (Indikativ) – und welche er von anderen wiedergibt (Konjunktiv I).

Zeugenbefragung

❶ Der Richter fragte die Zeugin: „Erkennen Sie jenen Mann wieder, den Sie bei seiner Flucht beobachtet haben?"

❷ Da wies die Zeugin auf den Angeklagten und sagte: „Ja, das dort ist der Mann, den ich beobachtet habe."

❸ Da schaltete sich der Verteidiger ein und fragte die Zeugin: „Wie können Sie denn so sicher sein? Es war doch zum fraglichen Zeitpunkt schon fast dunkel."

❹ Da antwortete die Frau: „Der Mann ist doch nur wenige Meter vor mir vorbeigelaufen.

❺ Der Verteidiger aber ließ nicht ab: „Der Angeklagte hat aber bei der Vernehmung wörtlich Folgendes angegeben: ‚Ich bin ganz sicher, dass kein Mensch auf der Straße gewesen ist.'"

❻ Da lachte die Zeugin: „Er kann mich ja auch gar nicht gesehen haben. Ich stand nämlich hinter einer Hecke. Und von dort aus habe ich alles genau beobachtet."

1 Gestalte aus dieser Szene einen kurzen Artikel für einen Gerichtsbericht. Forme die wörtlichen Reden in indirekte Reden um. Dabei solltest du das Ganze nicht allzu wörtlich nehmen, sondern nur die entscheidenden Redeteile übertragen.

Auf die Frage des Richters, ob ______________________________

____

wies die Zeugin auf den Angeklagten und sagte, ______________________________

____

Konjunktiv I oder andere Formen?

Für die **indirekte Rede** stehen außer dem reinen Konjunktiv I noch andere Möglichkeiten zur Verfügung:
Sie beteuerte: „Ich habe die ganze Wahrheit gesagt."

Konjunktiv I:	***Sie beteuerte, sie habe die ganze Wahrheit gesagt.***
Dass-Satz mit Konjunktiv I:	***Sie beteuerte, dass sie die ganze Wahrheit gesagt habe.***
Dass-Satz mit Indikativ:	***Sie beteuerte, dass sie die ganze Wahrheit gesagt hat.***

Wenn der Konjunktiv I genauso aussieht wie der Indikativ, wählt man den Konjunktiv II:
Die Zeugen sagten: „Wir haben die Frau gesehen."
Der Konjunktiv I würde lauten: … ***sie haben die Frau gesehen.***
Deswegen wählt man:

Konjunktiv II:	***Die Zeugen sagten, sie hätten die Frau gesehen.***

1 Setze den Bericht von Seite 54 fort. Er soll keine wörtlichen Reden enthalten. Gib die Reden also indirekt wieder. Dabei solltest du sie aber nicht wörtlich „übersetzen", sondern in einer angemessenen Berichtssprache wiedergeben. Beachte die Möglichkeiten, die oben im Kasten stehen!

❼ Der Verteidiger befragte die Zeugin weiter: „Kann denn jemand bezeugen, dass Sie an jenem Abend auf der Straße gewesen sind?"
❽ Da sagte die Frau: „Ja, ich bin von zwei Jugendlichen gesehen worden."
❾ Diese erinnerten sich tatsächlich an die Frau und gaben an: „Wir haben die Frau gesehen. Sie hat uns noch zugerufen: ‚Da ist eben einer aus dem Laden gerannt'. Daraufhin haben wir den Flüchtigen verfolgt. Der ist uns aber entkommen."
❿ Der Richter sagte: „Ich denke, die Sache ist nun klar."
⓫ Der Angeklagte wurde zu einer Geldstrafe verurteilt, nachdem er noch bemerkt hatte: „Gut, ich bin aus dem Haus gelaufen. Aber man kann mir nicht beweisen, dass ich was geklaut habe."

Konjunktiv II

> Die Formen des **Konjunktivs II** werden vom **Präteritum** abgeleitet.
> Viele Verben werden dabei **umgelautet**: Aus dem **a** des Präteritums wird ein **ä** im Konjunktiv II, aus dem **o** ein **ö**, aus dem **u** ein **ü**.
>
> | | |
> |---|---|
> | *Sie gewannen das Spiel.* | *Wenn wir doch einmal gewännen!* |
> | *Die verloren noch nie.* | *Wenn wir doch nicht immer verlören!* |
> | *Er wuchs schnell.* | *Wenn ich doch etwas schneller wüchse!* |
>
> Von einigen wenigen Verben gibt es zwei Formen: ***schwören, schwor: schwöre/schwüre – schwimmen, schwamm: schwämme/schwömme.***

haben, hat, ***hatte:***	Sie hat Glück. Wenn ich doch auch einmal Glück ______________!
sein, ist, ***war:***	Er ist verliebt. Wenn ich doch auch verliebt ______________!
werden, wird, ***wurde:***	Er wird reich. Wenn ich doch auch reich ______________!
nehmen, nimmt, ***nahm:***	Sie nimmt ihn mit. Wenn sie doch mich ______________!
schießen, schießt, ***schoss:***	Er schießt kein Tor. Wenn er doch endlich ein Tor ______________!
lesen, liest, ***las:***	Sie liest sehr leise. Wenn sie doch nur etwas lauter ______________!
essen, isst, ***aß:***	Er isst mir alles weg. Wenn er mir doch nicht alles ______________!
geben, gibt, ***gab:***	Er gibt mir nichts ab. Wenn er mir doch etwas ______________!
sehen, sieht, ***sah:***	Sie sieht gut aus. Wenn ich doch so gut ______________!
sprechen, spricht, ***sprach:***	Sie sprach nicht mit mir. Wenn sie doch mit mir ______________!
treten, tritt, ***trat:***	Sie tritt daneben. Wenn sie doch nicht immer daneben ______________!
werfen, wirft, ***warf:***	Sie wirft einen Korb. Wenn sie doch einen Korb ______________!
dürfen, darf, ***durfte:***	Er darf alles. Wenn ich doch alles ______________!
können, kann, ***konnte:***	Sie kann alles. Wenn ich doch alles ______________!
heißen, heißt, ***hieß:***	Sie heißt Rosalinde. Wenn ich doch auch Rosalinde ______________!
liegen, liegt, ***lag:***	Es liegt kein Schnee. Wenn doch endlich Schnee ______________!

1 Setze in die Zeilen die Formen des Konjunktivs II ein. Wenn du unsicher bist, schlage im Wörterbuch nach.

2 Es gibt Sätze, die würdest du sicher lieber mit *würde* formulieren. Schreibe in solchen Fällen auch die würde-Form auf.

Konjunktiv II

Der **Konjunktiv II** bezeichnet vor allem Wünsche, Vorstellungen und Vorgänge, die sich in der Wirklichkeit nicht ereignet haben:
Ich hätte gern eine Gitarre. – Wenn ich fliegen könnte …
Die Formen des Konjunktivs II werden vom Präteritum abgeleitet:
Präteritum: *ich hatte, ich war, ich wurde, ich gab, ich hielt …*
Konjunktiv II: *ich hätte, ich wäre, ich würde, ich gäbe, ich hielte …*

Statt des reinen Konjunktivs II findet man in Texten häufig auch die **würde-Form**:
Stell dir vor, sie verlöre ihr Geld … → Stell dir vor, sie würde ihr Geld verlieren …

Austausch-schülerin aus Frankreich

1 Setze die Verben in den angegebenen Formen in die Zeilen ein:

Präteritum: Die Mutter (sagen) ____________ zu ihrer Tochter Paula:
Futur I: „Ich (lassen) ____________ sie nicht allein in die Stadt ____________!
Präsens: Yvonne (sprechen) ____________ doch kaum ein Wort Deutsch.
Konjunktiv II: Nehmen wir an, sie (verlaufen) ____________ sich
würde-Form: und sie (fragen) ____________ jemanden nach dem Weg ____________!
Konjunktiv II: Sie (wissen) ____________ nicht, wie sie das machen (sollen) ____________.
Konjunktiv II: Sie (verstehen) ____________ ja kein einziges Wort.
würde- Form: Oder man (stehlen) ____________ ihr die Handtasche ____________.
Konjunktiv II: Sie (haben) ____________ keine Ahnung, an wen sie sich wenden sollte.
Konjunktiv II: Oder sie (finden) ____________ die Bushaltestelle nicht mehr.
Konjunktiv II: Dann (kommen) ____________ sie wer weiß wie spät nach Hause.
Konjunktiv II: Nein, die Gefahr (sein) ____________ mir zu groß.“
Plusquamperfekt: Yvonne (verstehen) ____________ zwar nichts ____________,
Plusquamperfekt: aber sie (bemerken) ____________ die Sorgen der Mutter ____________.
Präteritum: Sie (zeigen) ____________ auf den Stadtplan, den sie in der
Präteritum: Hand (haben) ____________, und (lachen) ____________:
Futur I: „Es (gehen) ____________ schon ____________!“

WERKSTATT Sprache

Der Konjunktiv II in einem Text

Von Bertolt Brecht gibt es eine bekannte Kalendergeschichte mit dem Titel „Wenn die Haifische Menschen wären“. Hier ist eine kleine Geschichte ähnlicher Art über das Thema „Wenn Polli, der Pudel, ein Mensch wäre“.

Wenn Polli, der Pudel, ein Mensch wäre

Wenn Polli ein Mensch wäre, dann benähme er sich, vor allem seinem Hund gegenüber, freundlicher. Er würde nicht ständig lauthals befehlen. Er spräche ihn stets höflich an. Er läse seinen Augen ab, was er zu fressen wünsche, und gäbe ihm nicht ständig dieses abscheuliche Trockenfutter. Er ließe ihn öfter vor die Tür, er ginge mit ihm mindestens viermal am Tag Gassi. Auf keinen Fall würde er ihn zum Hundefriseur schleppen, und er zöge ihm auch niemals diese komische Hundekleidung an, die nur für die Eitelkeit des Menschen gut ist und in der sich jeder Hund wie ein Trottel vorkommt. Wenn Polli ein Mensch wäre, dann bekäme sein Hund niemals etwas vom Tisch. Polli würde sagen, dass dies einem Hund nur den Appetit verderbe und nicht gut für ihn sei. Vor allem aber würde er seinem Hund mehr Klugheit zutrauen. Er gäbe ihm anspruchsvollere Aufgaben als Stöckchenholen. Er würde ihm womöglich einfache Rechenaufgaben stellen, denn Hunde können durchaus nicht nur bis drei zählen! Er wäre auch selbst bereit, von seinem Hund etwas zu lernen. Er vermiede den alltäglichen Geruchsterror mit dem Rasierwasser, stattdessen würde er von seinem Hund lernen, dass man mehr als nur fünf, sechs Gerüche unterscheiden kann. Vor allem aber lüde er nicht ständig eigene Sorgen auf seinen Hund ab. Wenn Polli ein Mensch wäre, hätte sein eigener Hund jedenfalls keine Frustrationen!

1 In diesem Text kommen 29 Verbformen vor. Drei von ihnen stehen im Konjunktiv I, vier im Indikativ. Die anderen stehen im Konjunktiv II oder in der würde-Form. Markiere sie in verschiedenen Farben.

2 Ordne die Verbformen in die Tabelle ein:

Verben im Indikativ	**Verben im Konjunktiv I**
Verben im Konjunktiv II	**Verben in der würde-Form**
wäre, benähme,	*würde befehlen,*

Aktiv – Passiv

> Im **Aktiv** bezeichnet das Subjekt jemanden, der etwas **tut**:
> *<u>Der Koch</u> schält die Kartoffeln.*
> Im **Passiv** bezeichnet das Subjekt jemanden oder etwas, mit dem etwas **geschieht**:
> *<u>Die Kartoffeln</u> werden von dem Koch geschält.*
> Dabei kann derjenige, der etwas tut, im Satz wegfallen:
> *Die Kartoffeln werden (…) geschält.*
>
> Das Passiv wird mit dem Hilfsverb ***werden*** und dem **Partizip II** gebildet:
> *Die Kartoffeln <u>werden geschält</u> (wurden geschält, sind geschält worden …)*

1 Forme die Aktivsätze mit dem Subjekt *der Koch/er* in Passivsätze um. Dabei werden die fett gedruckten Objekte zu Subjekten des Satzes und *der Koch/er* fällt aus den Sätzen heraus. Damit ein gut lesbares Rezept daraus wird, verschiebe die unterstrichenen Satzglieder an den Anfang der Sätze.

Die besten Bratkartoffeln!

Zuerst werden die Kartoffeln geschält.
Der Koch schält <u>zuerst</u> **die Kartoffeln**.

Er schneidet **sie** <u>dann</u> in dicke, große Würfel.

Er bringt **<u>Wasser</u>** zum Kochen.

Er blanchiert **<u>die Kartoffeln</u>** im kochenden Wasser drei Minuten lang.

Er kühlt **sie** <u>dann</u> in einem Sieb ab, bis sie trocken sind.

Der Koch brät <u>in einer Pfanne mit Olivenöl</u> **die Kartoffeln** an.

Er würzt **sie** <u>danach</u> mit Pfeffer und Salz.

Der Koch hackt grob **<u>Petersilie</u>**.

Er mischt **sie** <u>erst am Schluss</u> unter die Kartoffeln.

2 Unterstreiche oder markiere am Schluss die Passivformen der Verben.

WERKSTATT Sprache

Die Satzglieder: Überprüfe dein Wissen und Können

	Subjekt	Prädikat, 1. Teil	Adverbiale Bestimmungen	Objekte	Prädikat, 2. Teil
1	Unsere Klasse	veranstaltete	im letzten Jahr	eine Fahrt nach Hamburg.	
2	Wir	wohnten	dort / in der Jugendherberge.		
3	Wir	machten	am ersten Tag	eine Hafenrundfahrt.	
4	Wir	haben	dabei	die großen Containerschiffe	bestaunt.
5	Wir	besichtigten	am zweiten Tag	den Hamburger Flughafen.	
6	Wir	besuchten	anschließend	Hagenbecks Tierpark.	
7	Wir	hassten	dort / allerdings	das schreckliche Wetter.	
8	Es	hat	nämlich / den ganzen Nachmittag		geregnet.
9	Das Aufregendste	sollte	aber / erst am nächsten Tag		kommen.
10					
11					
12					
13					
14					
15					
16					
17					
18					

Die Satzglieder: Überprüfe dein Wissen und Können

1 Schreibe die Sätze ❶ – ❾ aus der Tabelle von Seite 60 hier so auf, dass ein gut verbundener und besser lesbarer Text daraus wird. Stelle dabei andere Satzglieder an den Anfang der Sätze:

❶ *Im letzten Jahr veranstaltete* ________________

❷ ________________

❸ ________________

❹ ________________

❺ ________________

❻ ________________

❼ ________________

❽ ________________

❾ ________________

❿ Am nächsten Morgen fehlte Tanja.
⓫ In ihrem Zimmer fand sie keiner.
⓬ Zum Glück hatte einer ihre Handy-Nummer.
⓭ Auf Lauras Anruf kam eine merkwürdige Nachricht.
⓮ Am Hafen laufe ihr ständig ein Hund hinterher.
⓯ Endlich kamen Tanja und ein Bernhardiner in die Jugendherberge herein.
⓰ Wir beklatschten den komischen Aufzug.
⓱ Tanja aber beschimpfte das „blöde Vieh“ wie eine Furie.
⓲ Der Herbergsvater musste das Tierheim kommen lassen.

2 Trage die Sätze ❿ – ⓲ in die Tabelle auf Seite 60 ein.

Satzglieder, Attribute: Überprüfe dein Wissen und Können

Wörter und Wortgruppen, die sich im Satz **umstellen** lassen, ohne dass sich dabei der Sinn verändert, nennt man **Satzglieder**:

Genitiv-Objekt: *Sie | enthält sich | der Stimme. → Der Stimme | enthält | sie | sich.*

Attribute sind Teile von Satzgliedern. Sie lassen sich in der Regel nur im Zusammenhang mit dem gesamten Satzglied umstellen:

Subjekt mit **Genitiv-Attribut**: *Der Hund des Nachbarn | stand | an der Pforte.*
→ An der Pforte | stand | der Hund des Nachbarn.

1 **Versuche die unterstrichene Wortfolge allein an den Anfang des Satzes zu verschieben. Wenn das möglich ist, ohne dass sich der Sinn des Satzes verändert, dann handelt es sich um ein Genitiv-Objekt. Ist das aber nur im Zusammenhang mit anderen Wörtern möglich, dann handelt es sich um ein Genitiv-Attribut. Unterstreiche die Objekte blau, die Attribute schwarz.**

a) Dein Verhalten spottet mal wieder jeder Beschreibung.

b) Wir konnten den Weg wegen der Klarheit der Beschreibung sofort finden.

c) Niemand wird den Ruhm ihrer Taten vergessen.

d) Sie rühmten sich mit großen Worten ihrer Taten.

e) Sie besann sich dann doch eines Besseren.

f) Er ist nicht neidisch auf das Lob eines Besseren.

g) Sie erkältete sich durch das Tragen ihrer nassen Kleidung.

h) Sie entledigte sich ihrer nassen Kleidung.

i) Er wehrte sich mit allen Kräften seiner Haut.

j) Durch die Sonne war die Farbe seiner Haut braun geworden.

Sätze verbinden

Mit **Konjunktionen** kann man Sätze zueinander in **Beziehung** setzen:
– in **zeitliche** Beziehung: ***während, als, nachdem, bevor, ehe, bis*** …
– in eine Beziehung der **Art und Weise**: ***wie, als ob*** …
– in Beziehungen des **Grundes**: ***weil, da, sodass, wenn, obwohl, obgleich*** …
– in Beziehung **ohne eigene Bedeutung**: ***dass, ob*** …

als	als ob
bevor	da
nachdem	ob
obgleich	obwohl
sodass	während
weil	wenn

1 **Setze die Konjunktionen, die auf dem blauen Zettel stehen, in den Text ein. Jede darf nur ein einziges Mal eingesetzt werden und keine darf übrig bleiben.**

Auf der Party

__________ Torsten zur Party kam, wollte Claudia gerade weggehen. Torsten hatte lange arbeiten müssen, __________ er nicht früher kommen konnte. Doch Claudia war sauer, __________ sie so lange auf ihn hatte warten müssen. __________ sich Torsten bei Claudia entschuldigte, wollte sie gehen. __________ sie ihren Mantel anzog, bat er sie noch einmal zu bleiben. Doch sie tat so, __________ er Luft für sie wäre. __________ sie gegangen war, kam Claudias Freundin Verena auf ihn zu. __________ er sich's versehen hatte, nahm sie ihn schon in die Arme. Sie fragte ihn, __________ er mit ihr tanzen wolle. Und das tat er dann auch, __________ er sie nicht besonders mochte. Doch plötzlich stand Verena in der Tür, ______ sie sich's anders überlegt hatte. „__________ du mich noch magst, dann tanz lieber mit mir!", sagte sie.

2 **Forme die folgenden Sätze in Haupt- und Nebensätze um und verbinde sie mit den Konjunktionen *bis, obwohl, wie, nachdem.***

____

Die beiden blieben zusammen. Die Party war zu Ende.

____

Sie hatten die Party verlassen. Torsten brachte Claudia nach Hause.

____

Sie fragte ihn noch: „Ich möchte ja nicht wissen. Du bist mit Verena zurechtgekommen."

____

Er sagte: „Mit dir macht es einfach mehr Spaß. Verena ist auch ganz süß."

WERKSTATT Sprache

Zeichensetzung: Wörter, Wortgruppen und Sätze verbinden

Das **Komma** trennt Wörter, Wortgruppen und Sätze voneinander, die aufgezählt werden. Vor einem ***und*** oder ***oder*** steht in der Regel kein Komma:

1. Wörter: *Sie kamen, spielten, schossen und gewannen.*
2. Wortgruppen: *Sie kamen an, spielten gut, schossen Tore und gewannen das Spiel.*
3. Sätze: *Sie kamen an, sie spielten gut, sie schossen Tore(,) und sie gewannen das Spiel.*
4. Man sollte jedoch vor ***und*** ein Komma setzen, wenn es beim Lesen einer Aufzählung zu Missverständnissen kommen könnte.

Nicht so: *Sie schlugen die Roten Teufel und die Grün-Weißen gingen als Sieger vom Platz.*

Sondern so: *Sie schlugen die Roten Teufel, und die Grün-Weißen gingen als Sieger vom Platz.*

Alleinerziehender Vater

1 Setze die Kommas in den folgenden Text ein:

1 a) Vater, Tinchen, Lotte und der Dackel Fips sind eine Familie.
3 b) Sie kommen gut zurecht sie haben aber eine Menge Arbeit.
3/4 c) Der Vater wickelt das Baby und die vierzehnjährige Lotte sieht ihm am Morgen mit großer Aufmerksamkeit dabei zu.
d) Dann bereitet er das Frühstück toastet Brot und Lotte deckt indessen den morgendlichen Frühstückstisch.
e) Lotte füttert danach den Dackel und den Vater hält nun nichts mehr vom Zeitungslesen ab.
f) Dann macht sich Lotte auf den Schulweg und die Kleine liegt im Kinderbett und auf seiner Decke liegt der Dackel.
g) Am Vormittag macht der Vater sauber fährt mit dem Baby zum Einkaufen arbeitet am Computer kocht das Essen und Lotte kommt um halb zwei nach Hause.
h) Jetzt essen die beiden Mittag Vater spült das Geschirr und Lotte hilft ihm beim Abtrocknen beim Aufräumen und beim Babyfüttern.
i) Lotte macht dann die Hausaufgaben und den Vorgarten bearbeitet der Vater denn die Blumen müssen ja gepflegt werden.
j) Der Dackel sitzt unter dem Tisch und wartet auf Lotte und das Baby fängt plötzlich an fürchterlich zu schreien.
k) Lotte macht erst das Baby sauber und den Hund Fips führt sie danach Gassi denn er muss dringend vor die Tür.
l) So geht es jeden Tag es ist viel zu tun und einer hilft dem anderen.

2 Schreibe an den Rand, nach welcher Regel oben im Kasten du verfährst. Beachte, dass es in manchen Sätzen mehrere Regeln sind!

Zeichensetzung: Satzgefüge

Ein **Nebensatz** wird durch **Komma** von einem Hauptsatz **abgegrenzt**.
Nebensätze sind vor allem erkennbar an ihren einleitenden **Konjunktionen** oder **Relativpronomen** und an der **Endstellung des** gesamten **Prädikats:**
Man findet das Land Malawi, wenn man den Südosten von Afrika auf der Landkarte sucht.
Malawi, das zu den am dichtesten besiedelten Ländern der Welt gehört, ist zugleich eines der ärmsten.

1 Unterstreiche in dem folgenden Text die Konjunktion und das Prädikat eines jeden Nebensatzes.

2 Setze die Kommas zwischen Haupt- und Nebensatz ein.

Bildung in Ländern der Dritten Welt

Wenn man den Südosten von Afrika auf der Landkarte sucht, findet man das Land Malawi.

Man findet das Land Malawi, wenn man den Südosten von Afrika auf der Landkarte sucht.

Dass dieses Land zu den ärmsten der Welt gehört besagt eine Statistik.

Dass dort die Lebenserwartung im Schnitt nur 38 Jahre beträgt ist schon erschreckend.

Dass die Sterblichkeit der Kinder sehr hoch ist macht aber besonders betroffen.

Weil die Klassen schlecht ausgestattet sind erhalten dort nur wenige Kinder eine gute Schulbildung.

Dass in Malawi über 1000 Schulgebäude neu errichtet werden steht daher an oberster Stelle der UNICEF-Planung.

UNICEF will auch die Schulen mit Lernmaterial ausstatten damit die Schüler angemessen lernen können.

Dass die über 10.000 Waisenkinder Malawis eine ausreichende Schulbildung erhalten steht auf dem Programm der UNICEF steht ganz obenan.

3 Schreibe die Sätze nun neu auf. Vertausche dabei immer die Reihenfolge von Haupt- und Nebensatz und setze wiederum die Kommas ein. Auf diese Weise wird ein besser lesbarer Text daraus.

WERKSTATT Sprache

Zeichensetzung: Satzgefüge

Die bekanntesten **Muster** für **Hauptsatz-Nebensatz-Gefüge** sind:

1. Hauptsatz, Nebensatz:
Man reist in fremde Länder, weil man andere Kulturen kennen lernen möchte.
2. Nebensatz, Hauptsatz:
Weil man andere Kulturen kennen lernen möchte, reist man in fremde Länder.
3. Hauptsatz-Anfang, Nebensatz, Hauptsatz-Ende:
Man reist, weil man andere Kulturen kennen lernen möchte, in fremde Länder.
4. Hauptsatz, Nebensatz, Nebensatz:
Man reist in fremde Länder, weil man Kulturen kennen lernen möchte, die anders sind.

1 Im Text kommen die verschiedensten Muster von Satzgefügen vor.
- Unterstreiche zunächst die Konjunktionen bzw. Pronomen.
- Markiere dann das Prädikat des Nebensatzes, der durch diese Verbindungswörter eingeleitet wird.
- Setze das Komma am Ende bzw. am Anfang des Nebensatzes.
- Schau dir den Merkkasten an und schreibe die Ziffer des Musters vor den Satz.

Reisen

1 **a** Menschen können viele Gründe haben, wenn sie in andere Länder reisen.
b Man reist weil man andere Kulturen kennen lernen möchte in fremde Länder.
c Weil Urlaub in einem fremden Land billiger ist auch deswegen reisen viele dorthin.
d Manche fahren in ein anderes Land weil sie dort ihren Arbeitsplatz haben.
e Es können also auch berufliche Gründe sein die einen zum Reisen ins Ausland verpflichten.
f Die meisten aber versprechen sich wohl von einer Reise ins Ausland dass dort das Wetter einfach besser ist.
g Da man gern am Strand liegen möchte fährt man in ein Land mit viel Sonnenschein.
h Wenn es dann mit dem Wetter doch nicht ganz stimmt bieten die Reiseveranstalter oftmals andere Unterhaltungsmöglichkeiten an.
i Man fährt am liebsten an Orte an denen man auch die deutsche Sprache spricht was das Wichtigste für viele zu sein scheint.
j Es soll sogar Menschen geben die nicht ins Ausland fahren weil sie dort etwas essen müssen, was ihnen ungewohnt ist.
k Obgleich sie sich im Ausland befinden wollen manche Menschen auch dort wie zu Hause leben.
l Natürlich gibt es auch andere die gerade auf die fremde Esskultur neugierig sind.
m Die freuen sich schon darauf dass man dort etwas bekommt was sie nie zuvor gegessen haben.

Zeichensetzung: Satzgefüge

1 Der folgende Text ist ganz ohne Zeichensetzung abgedruckt. Lies ihn dir erst einmal aufmerksam durch.

Jedes fünfte Kind hat zu wenig Wasser

Wenn man bedenkt dass in Deutschland der Wasserverbrauch pro Kopf 130 Liter beträgt wird einem klar was es für über 400 Millionen Kinder bedeutet wenn ihnen nicht einmal 20 Liter Wasser am Tag zur Verfügung stehen fast jedes fünfte Kind muss damit ohne das absolute Minimum auskommen das jeder Mensch braucht damit er genug für Nahrung und Hygiene hat die Folge ist dass jeden Tag weltweit 4000 Kinder sterben weil ihnen sauberes Trinkwasser fehlt am schlechtesten ist die Lage in jenen Ländern Afrikas die südlich der Sahara liegen wo 43 Prozent der Bevölkerung ohne sauberes Trinkwasser auskommen müssen jedes fünfte Kind in dieser Region stirbt bevor es fünf Jahre alt wird die Hälfte der Weltbevölkerung muss ohne Latrine oder hygienische Abwasserentsorgung leben sodass fast zwei Millionen Menschen von denen die meisten Kleinkinder sind jährlich an den Folgen sterben die durch Durchfallerkrankungen verursacht werden weltweit ist der Anteil der Menschen die ausreichend mit Trinkwasser versorgt sind zwar von 77 Prozent im Jahre 1990 auf heute 83 Prozent gestiegen doch mehr als eine Milliarde Menschen schöpfen noch immer Trinkwasser das aus Brunnen und anderen Gewässern stammt die stark verschmutzt sind deswegen gehört es zu den wichtigsten Zielen der UNICEF dass bis zum Jahr 2015 der Anteil der Menschen um die Hälfte gesenkt wird die ohne sicheres Trinkwasser leben müssen

2 Setze Punkte, wo ein Satz zu Ende ist, und überschreibe den Satzanfang mit einem Großbuchstaben. (Im Original besteht der Text aus neun Sätzen!)

3 Jeder Satz besteht aus einem Hauptsatz und mindestens einem Nebensatz. Unterstreiche die einleitenden Konjunktionen oder Pronomen der Nebensätze und markiere die Prädikate am Ende.

4 Füge die Kommas ein.

5 Überprüfe dein Ergebnis im Lösungsteil.

Texte überarbeiten – Überprüfe dein Wissen und Können

Die folgende Inhaltswiedergabe eines Schülers zu der Kurzgeschichte **„Anekdote zur Senkung der Arbeitsmoral"** von Heinrich Böll enthält schon viele gute Ansätze, aber auch einige Textschwächen.

1 Lies zunächst die Kurzgeschichte im Schülerband, S. 174–176, dann die folgende Inhaltswiedergabe.

Inhaltswiedergabe

Abschnitt A
Verstoß gegen Regel ____

Was sich in Heinrichs Bölls Kurzgeschichte, in der eine Wahrheit steckt, die immer noch gilt, abgespielt hat, vermutlich in Irland, wo Böll selbst lebte, das ist schon über 50 Jahre her.

Abschnitt B
Verstoß gegen Regel ____

Diese Wahrheit steckte bereits in der Überschrift: Eine Arbeitsmoral, die nur von dem Gedanken an Geld bestimmt ist, ist falsch. Da traf ein Tourist einen Fischer am Strand, der sich gerade hingesetzt hat, um sich in der Sonne auszuruhen. Natürlich reizte den Fremden das romantische Bild des vor sich hin träumenden Fischers. Deswegen fotografierte er ihn. Nachdem er mehrere Male auf den Auslöser gedrückt hat, kamen die beiden ins Gespräch. Das heißt, eigentlich war es nur der Tourist, der auf den Fischer einredete. Er wollte ihm Folgendes klarmachen: Wenn man viel mehr Geld verdienen will, dann muss man öfter zum Fischen hinausfahren, statt den halben Tag zu dösen.

Abschnitt C
Verstoß gegen Regel ____

Dann kann man sich eines Tages von dem Verdienten einen Kutter kaufen oder man kauft sich ein Kühlhaus oder man kauft sich ein Fischrestaurant usw. Und wenn man alles erworben hat, ist man reich. Man kann in der Sonne sitzen und man kann sich auf seinem Reichtum ausruhen.

Abschnitt D
Verstoß gegen Regel ____

Der Tourist vertritt also die Ansicht, dass man so viel wie möglich arbeiten müsse, um eines Tages in der Sonne abzuhängen. Als der Fischer sein Gerede beendet hat, meint er cool, er tue es schon jetzt. Ob der Fischer das gecheckt hat? Jedenfalls haut der Mann mit „ein wenig Neid" ab.

2 Gegen welche der Regeln **a**–**d** verstößt der Schüler in den Abschnitten A–D seiner Inhaltsangabe? Schreibe jeweils neben den Abschnitt den Buchstaben der Regel, gegen die verstoßen wurde.

Regeln:

- **a** *Vermeide eintönigen Satzbau und störende Wortwiederholungen.*
- **b** *Vermeide unübersichtlich verschachtelte Sätze.*
- **c** *Vermeide Worte und Formulierungen der Umgangssprache, die in der Schriftsprache nicht gebräuchlich sind.*
- **d** *Benutze für die Inhaltswiedergabe als Zeitform das Präsens.*

Texte überarbeiten – Überprüfe dein Wissen und Können

3 Berichtige den Text im Sinne der Regeln auf einem Zusatzblatt.

4 In dem folgenden Text beschreibt jemand, wie er einer Person begegnet. Einige äußere Merkmale der Person werden gut beschrieben. Auch ihre Reaktionen werden dargestellt. Doch die Sätze sind ziemlich gleichförmig aufgebaut.

Behebe diese Textschwäche durch Umstellen von Wörtern, von Satzgliedern oder von Haupt- und Nebensatz, sodass ein besser lesbarer Text daraus wird.

Begegnung mit einer Person

Als ich gestern Abend durch den Park ging,

Ich sah einen Jungen vor mir hertrotten, als ich gestern Abend durch den Park ging.

Ungefähr fünfzehn Jahre mochte er alt sein.

Dass er ziemlich müde aussah, fiel mir auf.

Er schleppte über der Schulter eine schwere Umhängetasche.

Er war in eine rote Sportjacke gekleidet.

Er kam vermutlich von einem anstrengenden Training.

Er drehte sich auf einmal blitzartig um.

Dass er braun gelockte Haare hatte, fiel mir jetzt erst auf.

Er sah mich aus seinen dunklen Augen aufmerksam an.

Er öffnete für einen Augenblick seine Lippen.

Er hat dann aber doch kein einziges Wort gesagt.

Er hat eigentlich ein schönes Gesicht, dachte ich.

Dann ging er weiter, er zuckte gleichgültig mit den Schultern.

Ich dachte: Schade, mit dem hätte ich mich gern einmal unterhalten.

Zu einer Reportage eine Meldung verfassen

1 Lies die folgende Reportage und orientiere dich, worum es geht.

Eine Meldung und ihre Geschichte

Muttersöhnchen

Wie ein junger Türke zwei Jahre lang Rente bezog

An einem regnerischen Dienstag, dem 8. März 2005, hält gegen 15.25 Uhr ein Taxi vor einem zweigeschossigen Mietshaus in der Aşik-Sokak, der „Straße der Verliebten". Der Wagen ist ein Renault, etwas verbeult, dunkelrot. Der Fahrer hupt. Eine alte Frau tritt aus dem Haus. Sie ist groß, breitschultrig, grauer Staubmantel, sie trägt eine Brille, hält einen Stock. Die Frau steigt hinten ein, „Ziraat Bankasi – na gidelim", ich will zur Ziraat-Bank. Während der Fahrt knotet sie ihr Kopftuch fest, streift schwarze Wollhandschuhe über. Dem Taxifahrer, der sie im Rückspiegel beobachtet, fällt auf, wie groß die Hände sind, er erschrickt.

Die Fahrt vom Viertel Vicdanye in die kleine Innenstadt von Balikesir in Anatolien dauert eine knappe Viertelstunde. Die Frau steigt an der Yesilli-Straße aus, das Fahrgeld hat sie griffbereit, vier neue türkische Lira, knapp zweieinhalb Euro. Der Taxifahrer blickt ihr nach, wie sie über den Kreisel schlurft, mit krummem Rücken, die sieben Stufen zur Bank hinaufhumpelt, auf ihren Gehstock gestützt, und wie sie im Gebäude verschwindet – einen Moment lang überlegt der Mann, ob er die Polizei rufen soll.

Alle drei Monate werden in der Türkei die staatlichen Renten ausgezahlt. Diese Tage sind gefürchtet: Endlose Schlangen in den Banken, die Luft ist entsetzlich. In der Ziraat-Filiale ist es an diesem Nachmittag nicht anders. Doch als die alte Frau mit dem blauen Tuch und dem Krückstock sich hinten einreiht, tritt ein Sicherheitsbeamter der Bank zu ihr. Ein riesenhafter Kerl. Er lächelt, verbeugt sich.

Merhaba, guten Tag, ein neuer, erfreulicher Service der Bank, bitte sehr, ältere Damen werden jetzt immer vorgelassen, also kommen Sie.

Der Sicherheitsbeamte geleitet die Frau an den übrigen, leise murrenden Kunden vorbei ins Untergeschoss. Sie tritt an den dritten Schreibtisch von links, wo sie sonst immer ihr Geld bekommen hat und wo ihr jetzt die Schalterbeamtin Nuray Labanta entgegenblickt.

Sie möchten sicher wieder Ihre Rente abholen?

Die Frau im grauen Mantel muss ihr Bankbuch und ihren Ausweis zücken, die Bankbeamtin studiert die Papiere, dann zählt sie langsam, sehr langsam 1300 Lira ab, 760 Euro. Die alte Frau quittiert das hellgraue Formular, sie unterschreibt wie die vielen Male zuvor: Ümmühan Gencel. Die wollenen Handschuhe hat sie anbehalten. Als sie sich zum Gehen wendet, steht da wieder der riesige Sicherheitsbeamte. Verbeugt sich.

Zu einer Reportage eine Meldung verfassen

Meine Dame, Sie sollten sich ausruhen, bitte, hier im Büro des Direktors.

Hm, nein.

Ich verstehe Sie kaum, können Sie lauter sprechen?

Will nicht ausruhen.

Sie sollten aber verschnaufen, es ist ein neuer Service für die älteren Kunden. Hier entlang, bitte.

Er lächelt, aber klar ist: Er wird nicht nachgeben. Die alte Frau hustet, rückt an ihrer Brille.

Drei Monate zuvor, Anfang Dezember, war an diesem Schreibtisch der Schalterbeamtin Nuray Labanta aufgefallen, dass die Kundin Ümmühan Gencel, 78 Jahre alt, Witwe eines Bahnbeamten, plötzlich nicht antwortete wie sonst, nämlich heiser und fistelig – sondern auf einmal sprach die Frau, offenbar ohne es zu merken, eineinhalb Oktaven tiefer. Nuray Labanta schaute sich die Frau im grauen Mantel, die schon oft da gewesen war, genauer an. Die Handschuhe, das Tuch. Die Augen hinter der Brille. Sie meldete ihre Beobachtungen dem Filialchef, beide kamen zu dem Ergebnis, dass es für alles nur eine einzige Erklärung gab.

Sechs Polizisten sind seit heute Morgen in der Bank, alle in Zivil. Die Person im grauen Mantel, die sich Ümmühan Gencel nennt, sitzt auf einem Stuhl. Man hat sie erst eine Weile warten lassen, ein Fotograf hat sie heimlich durch die halboffene Tür fotografiert. Und jetzt ist sie umringt von einem halben Dutzend Polizisten, die Heizung in dem kleinen Büro ist aufgedreht, sie muss viele Fragen über sich ergehen lassen. Wie es ihr denn gesundheitlich gehe? Und ob sie mit der Witwenrente auskomme? Ob sie denn gar keine Angst vor Dieben habe? Und ob sie vielleicht ihren Mantel ablegen wolle, weil es doch sehr warm hier sei?

Irgendwann springt sie auf, brüllt: Was ist das hier – ein Verhör? Ich will einen Anwalt! Ich will hier raus!

Der Chefermittler gibt ein Zeichen, man reißt ihr das Kopftuch weg.

Am selben Abend fahren drei Streifen- und ein Krankenwagen vor dem zweigeschossigen Wohnhaus in der „Straße der Verliebten" vor. Die Beamten ziehen ein Absperrband, brechen die Kellertür auf und fangen an zu graben. Sie finden, wahrscheinlich nach den Angaben des Festgenommenen, den verwesten Körper der Ümmühan Gencel, zum Zeitpunkt ihres Todes wahrscheinlich 76 Jahre alt. Sie ist eines natürlichen Todes gestorben. Die Staatsanwaltschaft erhebt Anklage gegen den Sohn der Toten, den vorbestraften Gelegenheitsarbeiter Serafettin Gencel, 47, den Mann, der sich für umgerechnet 252 Euro im Monat verwandelte, in seine tote, im Keller verscharrte Mutter.

Der Taxifahrer wird in der Zeitung darüber lesen und sich fragen, ob man für so etwas in die Hölle kommt.

Ralf Hoppe

In Frauenkleidern Rente kassiert

Balikesir – Zwei Jahre lang hat ein 47 Jahre alter Türke den Tod seiner Mutter verheimlicht und in Frauenkleidern ihre Rente kassiert. …

2 Hier siehst du den Anfang einer Zeitungsmeldung aus dem Hamburger Abendblatt. Schreibe diesen Zeitungsbericht weiter.
Lies vorher die ganze Reportage noch einmal und markiere, welche Informationen du verwerten willst.

Grafiken auswerten und selbst erstellen

„Jugendliche sehen heutzutage nur noch ihren eigenen Vorteil und haben keinen Respekt mehr vor Älteren." So oder ähnlich lauten häufig Einschätzungen von Erwachsenen, die glauben, „zu ihrer Zeit" sei das noch ganz anders gewesen. Doch was ist wirklich dran an diesem Urteil? Die Shell-Jugendstudie 2006 liefert verlässliche Auskünfte:

Herausforderung demografischer Wandel

Die heutigen Jugendlichen haben ein Bild vom alten Menschen, das mit Hochachtung vor allem vor der Leistung der Älteren verbunden ist. Das positive Verhältnis zu den eigenen Eltern bestimmt hierbei maßgeblich die Sichtweise auf die ältere Generation. Auf der anderen Seite werden aber auch Sorgen bezüglich der zukünftigen Entwicklung geäußert. Die überwiegende Mehrheit hält das Altern der Gesellschaft für ein großes oder sogar sehr großes Problem. Trotz des mehrheitlich guten Bezugs auf die Älteren bezeichnet knapp die Hälfte der Jugendlichen das heutige Verhältnis zwischen den Generationen als angespannt.

Positiv bewerten die Jugendlichen, dass die Älteren von heute, da sie länger als bisher rüstig und gesund bleiben, neue Aufgaben in der Familie oder in der Gesellschaft übernehmen können. Sorge bereitet hingegen, dass bei einer wachsenden Anzahl älterer Menschen mehr öffentliche Gelder für deren Belange statt für Jüngere aufgewendet werden müssen. Hinsichtlich der eigenen Alterssicherung besteht große Einmütigkeit, dass man viel stärker als früher selber vorsorgen muss. Die gegenwärtige Verteilung des Wohlstandes zwischen den Generationen wir mit 43% von der Mehrheit der Jugendlichen als gerecht empfunden. Nur 34% verweisen darauf, dass die Älteren zurückstecken sollten, während mit 12% eine kleine Minderheit angibt, dass die Jüngeren ihre Ansprüche reduzieren sollten. Alles in allem erscheint es momentan noch nicht ausgemacht, wie sich die Haltung der Jugendlichen zu den Folgen der alternden Gesellschaft in Zukunft weiterentwickeln wird. Von einer „Aufkündigung der Solidarität zwischen den Generationen" kann jedoch momentan keine Rede sein.

1 Der Text gibt eine Antwort auf das Vorurteil mancher Erwachsener Jugendlichen gegenüber.
Stelle als Kreisdiagramm übersichtlich dar, welche Haltung Jugendliche zur gerechten Verteilung des Wohlstands zwischen Jüngeren und Älteren haben. Wenn du die Prozentzahlen addierst, bleibt ein Rest, der offenbar keine Angaben zu der Befragung gemacht hat. Diesen musst du aber ebenfalls im Kreisdiagramm darstellen.

Grafiken auswerten und selbst erstellen

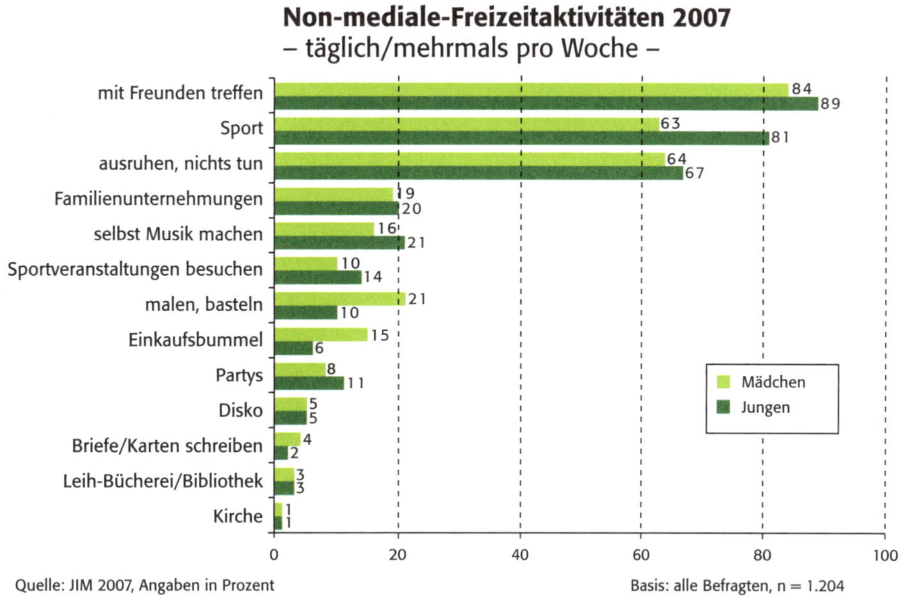

1 Das Diagramm zeigt, was Jugendliche am liebsten in ihrer Freizeit tun, wenn sie sich nicht mit Medien wie Computer, Handy oder Fernseher beschäftigen.
Schreibe in wenigen Sätzen auf,
- was die Jugendlichen am liebsten tun und was ihnen weniger wichtig oder ganz unwichtig ist,
- wo deutliche Unterschiede zwischen Jungen und Mädchen zu erkennen sind,
- ob Angaben dabei sind, die dich überraschen, die du anders erwartet hättest,
- ob etwas, das für deine Freizeit wichtig ist, nicht erwähnt ist.

Du kannst die folgenden Satzanfänge verwenden, kannst aber auch eigene Formulierungen finden.
- *Die Grafik „Non-mediale Freizeitaktivitäten 2007" zeigt, dass die meisten Jugendlichen …*
- *Eine geringere Bedeutung haben …*
- *Ganz am Ende der Freizeitaktivitäten …*
- *Es fällt auf, dass beim Sport …*
- *Beim Diskobesuch dagegen …*
- *Interessant finde ich auch …*
- *Das liegt vielleicht daran, dass …*
- *Wenn ich das mit meinen eigenen Freizeitgewohnheiten vergleiche …*
- *Zusammenfassend meine ich …*

2 Erstelle eine Liste von beliebten Freizeitaktivitäten in deiner Klasse, die nichts mit Mediennutzung zu tun haben, und stelle diese in einer Grafik nach Häufigkeit geordnet dar.

Grafiken auswerten und selbst erstellen

1 Lies die vier Texte über das Erwachsenwerden.

2 Stelle die Untersuchungsergebnisse übersichtlich als Balkendiagramme dar. Gib jeder Darstellung eine treffende Überschrift.

Wann werden wir erwachsen?

Söhne verlassen das Elternhaus später als Töchter. Mit 30 Jahren wohnten im März 2004 noch fünf Prozent der Frauen als ledige Töchter im Elternhaus, aber 14 Prozent der Männer als ledige Söhne. Mit 40 Jahren wohnt noch ein Prozent der Frauen als lediges Kind bei den Eltern, aber fünf Prozent der Männer. Lebten 1972 genau 20 Prozent der 25-jährigen Kinder im früheren Bundesgebiet noch bei den Eltern, sind es heute 29 Prozent.

Die erste Zigarette wird immer früher geraucht: Innerhalb der letzten 50 Jahre hat sich das „Einstiegsalter“ bei den Männern von gut 17 Jahren auf 14,4 Jahre vermindert, bei den Frauen sogar von 22 auf 14,1 Jahre.

Die Deutschen haben immer früher Geschlechtsverkehr: Während im Jahr 1980 erst 38 Prozent der 17-jährigen Jungen und 56 Prozent der 17-jährigen Mädchen ihr „erstes Mal“ erlebt hatten, waren es im Jahr 2001 schon 61 Prozent der Jungen und 66 Prozent der Mädchen.

Mediziner weisen seit mehreren Jahrzehnten eine kontinuierliche Verfrühung der Sexualreife nach: Waren 1940 geborene Mädchen bei ihrer ersten Menstruation knapp 14 Jahre alt, erlebten Mädchen des Geburtsjahrganges 1970 sie mit 13, Mädchen des Jahrganges 1990 mit gut elf Jahren. Für die im Jahr 2000 zur Welt gekommenen Kinder liegt die Prognose bei zehn Jahren. Die Ursache dafür sehen Biologen und Physiologen zum einen in der „guten Gesundheit der Bevölkerung“, zum anderen wirke sich die Anreicherung von Lebensmitteln mit Kalorien, Proteinen und Hormonen auf das Wachstum der Nebennierenrinde aus. Dort werden jene Wirkstoffe produziert, die Pubertät und Sexualreife einleiten.

Grafik und Text vergleichen

1 Sieh dir die Grafik genau an und mache dir klar, worum es darin geht.

Vereinsmitgliedschaft 2007

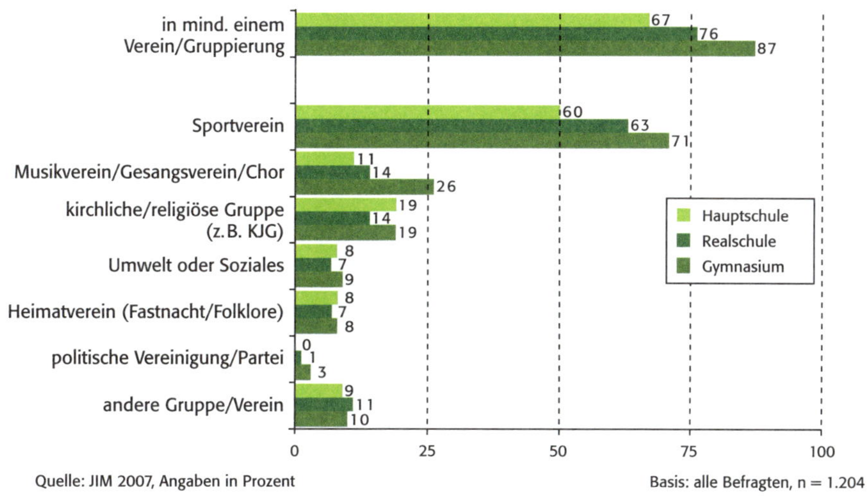

2 Schreibe eine Analyse zu der Grafik. Gehe dabei so vor:
- Stelle kurz dar, worum es geht.
- Erkläre, was du aus der Grafik ablesen kannst und welche Informationen besonders auffallen.
- Deute, was man daraus schließen kann, hier z. B. Unterschiede oder Gemeinsamkeiten zwischen den Schulformen.

3 Lies nun den Text „Jugendliche im Verein". Markiere die Textstellen, die etwas über die Vereinsmitgliedschaft von Jugendlichen aussagen, aber zu denen es keine Angaben in der Grafik gibt.

Jugendliche im Verein

In der öffentlichen Diskussion wird oft beklagt, dass bei Jugendlichen die Bereitschaft, sich gesellschaftlich oder sportlich zu engagieren, immer weiter zurückgeht. Viele meinen, dass Jugendliche in ihrer Freizeit fast nur noch vor dem Computer oder Fernseher sitzen oder mit Gleichaltrigen „abhängen". Interessant ist in diesem Zusammenhang der Blick auf die erste JIM-Studie des Jahres 1998. Damals war mit 74% sogar ein etwas geringerer Anteil der 12- bis 19-Jährigen in Vereinen und Gruppierungen aktiv als heute (78%). Unterschiede gibt es dabei vor allem in Bezug auf den Bildungshintergrund. Während 87 Prozent der Gymnasiasten in irgendeiner Art von Verein mitarbeiten, liegt dieser Anteil bei den Hauptschülern bei 67 Prozent (Realschule 76%). Die Mitgliedschaft in Sportvereinen spielt bei den Jugendlichen die größte Rolle. Hier sind viel häufiger Jungen als Mädchen aktiv.

4 Schreibe in einem kurzen Text auf, was du jemandem antworten würdest, der behauptet, Jugendliche würden sich nicht genügend in Vereinen und Gruppen engagieren. Verwende dabei Informationen aus dem Text und dem Diagramm.

Sich und andere informieren

①

②

③

④

1 Ordne die Abbildungen der Graffiti den folgenden Aussagen zu:

a **Pieces** sind verschlungene Buchstaben.

b **Characters** heißen unter Sprayern die Bilder, die oft Monster oder Fantasiewesen darstellen.

c **Bombs** sind eher plumpe Schriftzüge.

d Der **Tag**, der typische Decknamenszug eines Sprayers, kommt am häufigsten vor.

2 Lies die beiden Texte und informiere dich über die alte und neue gesetzliche Regelung zur Graffitibekämpfung. Markiere in zwei verschiedenen Farben, was über die bisherige Gesetzeslage gesagt wird und was seit Juni 2005 gilt.

Aktuelles Lexikon: Graffiti

Bereits im antiken Pompeji kratzten (italienisch: *sgraffiare* = kratzen) Bewohner Bilder und Zeichen in die Wände ihrer Häuser. Das, was man heute als Graffiti (Einzahl: Graffito) bezeichnet, entstand Anfang der 70er-Jahre in New York City. Ein Botenjunge machte es sich zum Hobby, in der Stadt sein Pseudonym TA-KI183 an Hauswänden zu hinterlassen. Die New York Times berichtete 1971 über den Mann, und so wurden Graffiti schnell zum Massenphänomen. Heute gehören die Tags, die Namenskürzel, und Pieces, die großflächigen Graffiti der Sprayer, zum Bild aller großen Städte. Durch Filme wie *Wild Style* schwappte der Trend bald auch nach Europa. Bekannt wurde hier vor allem der Schweizer Graffiti-Künstler Harald Naegeli, der „Sprayer von Zürich". Anfang der 80er wurde Naegeli wegen wiederholter Sachbeschädigung durch seine „Schmierereien" zu einer Haftstrafe verurteilt. Ähnlich könnte es bald den deutschen Sprayern ergehen. Der Bundestag stimmte am Freitag für eine Verschärfung des Graffiti-Gesetzes. Demnach ist nicht mehr nur die Sachbeschädigung durch Graffiti strafbar, sondern auch schon die unbefugte, „nicht nur unerhebliche und nicht nur vorübergehende" Veränderung des Erscheinungsbildes eines Objekts. Harald Naegelis Werke gelten heute allerdings als Kunst. Die Stadt Zürich ließ vergangenes Jahr eines seiner berühmten Strichmännchen sogar restaurieren. *(18./19. 6. 2005)*

Härtere Strafen für Graffiti-Sprayer

Graffiti-Sprayer können künftig nicht mehr mit Milde rechnen. Nach jahrelangen Kontroversen beschlossen SPD und Union sowie die Mehrheit der Grünen heute im Bundestag eine Verschärfung des Tatbestands der Sachbeschädigung. Er sieht Haftstrafen bis zu drei Jahren vor. Es kommt nun nicht mehr darauf an, dass durch Schmierereien auch die Gebäudesubstanz geschädigt wird, weil sich das Graffito nur mit Schäden am Putz entfernen lässt. Schon die Schmiererei selbst kann strafbar sein.

Der SPD-Abgeordnete Hans-Joachim Hacker sagte, illegale Graffiti seien keine Bagatelle. Er verwies darauf, dass Kinder und Jugendliche zivilrechtlich haftbar für solche Schmierereien gemacht werden können. „Das kann richtig teuer werden", stellte Hacker fest. Dies könne auch zum Schufa-Eintrag und damit zu Problemen führen, wenn Jugendliche ein Konto eröffnen oder einen Handy-Vertrag abschließen wollten. *(17. 6. 2005)*

3 Schreibe einen kurzen Beitrag für die Schülerzeitung. Darin sollst du deine Mitschüler – möglichst in eigenen Worten – über die Verschärfung des Graffiti-Gesetzes informieren.

Eine Reportage zusammenfassen

1 Lies den Text über Claudia und orientiere dich, worum es geht.

Claudia, 16: Sprayen werde ich nie!

Sie hat eine Wand bemalt. Und wurde erwischt. Es kam Claudia teuer zu stehen.

Es geht meist um kleine Sachen. Heute Morgen wieder: Die Mutter will wissen, was Claudia am Sonntag zur Konfirmationsfeier ihrer Freundin anzieht. „Du hast nichts", sagt sie, „kauf dir noch was." So ein Vorschlag, kaum aus dem Bett, macht Claudia ziemlich hässig. Und überhaupt müsste die Mutter wissen, dass sie heute keine Zeit zum Einkaufen hat.

Kleine Streitereien liegen immer in der Luft. Claudia lebt mit ihrer Mutter und dem zwei Jahre älteren Bruder zusammen. Die Eltern sind schon lange geschieden. Die Mutter arbeitet als Pharma-Assistentin. „Sie hat viel zu tun und erwartet, dass ich im Haushalt helfe", erzählt Claudia. „Wäsche aufhängen, kochen …" Sie verdreht die Augen und gesteht: „Ich hocke lieber vor dem TV." Und der Bruder übernähme sich auch nicht gerade: „Der meint, er sei der Boss, und tut eh nichts. Der klaut mir den Eistee aus dem Kühlschrank und isst mir meine Schokolade weg. Aber von dem lasse ich mir nichts gefallen."

Bis vor einem Jahr ging Claudia viel in den Jugendtreff. Oder sie traf sich mit ihren Kolleginnen und Kollegen in einem kleinen Park. „Wir sind viel draußen herumgehangen", meint Claudia, „wir konnten ja kaum irgendwo rein. Für die Restaurants und Diskos hatten wir zu wenig Geld." Sie legten jeweils ihr Geld zusammen, damit gingen zwei zur Tankstelle und kauften eine Flasche Wodka oder einen Zehnerpack Bier oder beides. War nichts mehr da, ging die Geldsuche wieder los und der nächste Trip zur Tankstelle stand an. „Wir tranken schon viel Alkohol", meint Claudia selbstkritisch. „Und ich kiffte auch viel. Am Morgen schon, am Mittag, am Abend." Beduselt und gelangweilt zündeten einige der Kollegen manchmal die Abfallkörbe an. Oder zerlegten Parkbänke. Claudia kritzelte mit ihrem schwarzen Stift gerne die Bänke voll: mit Buchstaben im Bubble-Stil, prall aufgeblasene Buchstaben. Es war diese Bubble-Leidenschaft, die sie in Schwierigkeiten brachte.

Ihr Bruder sprayte Tags (seine selber kreierte Künstlerunterschrift) auf Wände. Manchmal entdeckte Claudia auf ihren Streifzügen durch die Stadt seine Spuren. Wenn sie vor den leuchtenden Tags stand, verspürte sie den Wunsch: Ich will auch. Aber irgendwie hatte sie doch Angst. Was, wenn sie entdeckt würde? „Mir fehlte der letzte Kick", sagt sie. Sie begnügte sich lieber mit ihren kleinen Kritzeleien.

Einmal, am Bahnhof, als sie auf einem Gepäckwagen herumhingen, malte sie ein etwa 30 x 40 Zentimeter großes Bild voller Bubbles an eine Wand. Ein paar Tage später kamen zwei Polizisten bei ihr zu Hause vorbei. Die kamen häufig, wegen des Bruders. Diesmal ging's um Graffiti. Sie befragten auch Claudia. Sie spraye nicht, sagte sie ihnen, sie kritzle höchstens Hefte mit Buchstaben voll. Die Polizisten wollten so ein Heft sehen. Sorgsam blätterten sie es durch. „So ein ‚M' hat's doch am Bahnhof", sagte plötzlich der eine. „Haben wir fotografiert, ja", nickte der andere.

Eine Reportage zusammenfassen

„Wegen so was Blödem erwischen die mich!“, ruft Claudia. Und schüttelt noch heute den Kopf. Sie bekam eine Vorladung der Jugendanwaltschaft. „Ich hatte Angst, ich wusste ja nicht, was jetzt passiert“, erzählt sie. Eine Jugendanwältin verhörte Claudia. Dann wurde sie auch noch von einer Sozialarbeiterin befragt. In diesem Gespräch ging es nicht mehr um die Tat. Die Sozialarbeiterin wollte herausfinden, ob Claudia Probleme hat: zu Hause, in der Schule, mit Drogen. Claudia bekam eine Strafe: Sie musste einen Nachmittag lang in der Küche des Kantonsspitals arbeiten. Sie rüstete Petersilie und schälte Spargeln – ausgerechnet sie, die nicht gern kocht. Noch happiger fand sie aber, dass sie 170 Franken für die Reinigung der Wand bezahlen musste. Und 90 Franken Verfahrenskosten. Monatelang stotterte sie den Betrag bei der Mutter ab. Das hat ihr weh getan. „Es ist gut, dass sie mich damals erwischt haben“, findet Claudia. „Ich male nicht mehr. Hätten die mich später erwischt, wenn ich richtig gesprayt hätte, das hätte mich noch viel mehr Geld gekostet.“ Regelmäßig kam die Sozialarbeiterin der Jugendanwaltschaft vorbei wegen des Bruders. Sie saß mit der Mutter und den beiden Kindern zusammen und die anstehenden Probleme wurden diskutiert. „Das war extrem mühsam, die vielen Gespräche und so“, erinnert sich Claudia, „mein Bruder hat ja so viel Quatsch gemacht, nicht ich.“ Dann lächelt sie und fügt an: „Immerhin habe ich dank dieser Gespräche mehr Ausgang bekommen. Die Sozialarbeiterin hat das bei meiner Mutter durchgebracht. Ich musste dafür versprechen, dass ich die Aufgaben regelmäßig mache.“

Den Ausgang verbringt Claudia inzwischen häufig in einer Jugendbeiz. Das Kiffen lässt sie sein, seit sie einen Horrortrip hatte: „Ich sah es schneien, die Wände wackelten und so. Seither habe ich Angst. Obwohl ich schon Lust hätte.“ Bald hat sie die Berufswahlschule beendet. Sie wollte Hundecoiffeuse werden und schnupperte in verschiedenen Salons. Eine Lehrstelle erhielt sie aber nirgends. Jetzt hat sie sich für die Pflegeausbildung entschieden. Weil sie die Pflegeschule erst mit 18 Jahren beginnen kann, arbeitet sie zuerst als Praktikantin in einer Pflegewohngruppe für alte Menschen. Die Mutter zweifelt zwar, ob Claudia den richtigen Beruf gewählt hat und die lange Lehrzeit durchsteht. Aber Claudia glaubt an sich: „Ich ziehe das durch. Ich will unbedingt einen Lehrabschluss haben.“ Und wenn sie genügend Geld verdient, um sich eine eigene Wohnung leisten zu können, will sie sich einen alten Wunsch erfüllen: Hunde! Drei. „Dann habe ich eine Deutsche Dogge. Vielleicht einen Labrador. Und ganz sicher einen Hund aus dem Tierheim“, lächelt sie.

Stephan Bretscher

2 Der Beitrag stammt aus einer Schweizer Jugendzeitschrift. Daher enthält er einige ungewohnte Ausdrücke. Unterstreiche sie und kläre ihre Bedeutung. Ermittle auch den Wechselkurs von Schweizer Franken (CHF) zu Euro.

3 In der Jugendzeitschrift ist der Beitrag mit Zwischenüberschriften gegliedert. Unterteile den Text in Abschnitte und fasse den Inhalt jedes Abschnittes in eigenen Worten zusammen. Formuliere dann für jeden Abschnitt eine Überschrift. Einige Zwischenüberschriften findest du auf dem Zettel.

Sozialdienst in der Krankenhausküche

Der große Wunsch

Trips zur Tankstelle

Ein Graffito zu viel

4 Fasse den Text zusammen und schreibe einen kurzen Zeitungsbericht. Markiere vorher die Textstellen, die du in deinen Bericht einbauen willst. Formuliere für deinen Zeitungsbericht Schlagzeile, Unterzeile und Vorspann, die zum Lesen des Artikels verlocken sollen. Der Bericht soll die W-Fragen beantworten.

Überprüfe dein Wissen und Können

Manchmal musst du Sachtexte analysieren und beurteilen. Dazu werden unterschiedliche Aufgaben gestellt.

Am Beispiel von Texten zum Thema **„Umgang mit Konflikten in der Schule“** kannst du hier eine Sachtext-Analyse schreiben.
Im Schülerband (S. 80–88) findest du Informationen und Texte zum Thema, die dir vielleicht bei der Bearbeitung der Aufgabe helfen können.
Auch hier im Werkstattheft in der Werkstatt Schreiben (Seite 26/27) bekommst du Hilfen.

So könnten die Aufgabenstellungen lauten:

Aufgabenstellung 1

Untersuche den Text „Schüler setzen Grenzen“ aus einer Mitteilung des Schulministeriums NRW (S. 80).

Gehe dabei so vor:

a) Nenne das Thema des Textes.
b) Stelle dar, wie das „Pilotprojekt Schulschiedsstellen“ funktioniert.
c) Wie beurteilst du das Projekt? Nimm aus deiner Sicht Stellung und beziehe dabei auch eigene Erfahrungen mit ein.
Schreibe einen zusammenhängenden Text.

Aufgabenstellung 2

1. Lies zunächst Text 1 (S. 80).

2. Fasse den Inhalt von Text 1 in wenigen Sätzen zusammen.
Beachte dabei die Fragen:
– Welche Gründe gibt es, die Schiedsstellen einzurichten?
– Welche Regelverstöße können die Schiedsstellen verhandeln?

3. Lies, was die Schulministerin zu dem Projekt sagt (Text 2).

4. Finde heraus, welche Aussage der Ministerin am ehesten für die Einrichtung von Schülerschiedsstellen spricht. Begründe deine Entscheidung.

5. Eine Schülerin, die die Pressemitteilung gelesen hat, meint dazu:
„Ich glaube, das funktioniert nicht. Ich jedenfalls würde mir von Schülern in meinem Alter keine Strafe aufbrummen lassen.“
Was meinst du zu dieser Aussage? Nimm in wenigen Sätzen Stellung.

1 Worin unterscheiden sich die beiden Aufgabenstellungen?

2 Wähle eine der beiden Aufgabenstellungen aus und bearbeite sie.
Du kannst natürlich auch beide bearbeiten.

Überprüfe dein Wissen und Können

Text 1

Schüler setzen Grenzen

Düsseldorf, 13. November 2007. Das Ministerium für Schule und Weiterbildung teilt mit: Stören im Unterricht, Raufereien auf dem Schulhof, Sachbeschädigungen, Pöbeleien und Beleidigungen, Wegnehmen von Sachen und Ähnliches beeinträchtigen nicht nur das Klima und damit sinnvolle Arbeit in der Schule, sondern können auch zum Ausgangspunkt für Jugendgewalt und Jugendkriminalität werden. Derartigem Verhalten will die Landesregierung konsequent entgegentreten und soziales Verhalten nachdrücklich einfordern. Deshalb hat sie das Pilotprojekt „Schulschiedsstelle“ gestartet.

In zehn Schulamtsbezirken wurden Gremien gleichaltiger Schülerinnen und Schüler geschaffen, die eingreifen, wenn Schulleitungen ihnen Fälle von Regelverletzungen übergeben. Die Mitglieder dieser Gremien wollen Schülerinnen und Schülern durch ihre Stellungnahme und zumeist auch durch Aussprechen einer Sanktion verdeutlichen, dass auch sie als Gleichaltrige das Überschreiten von Regeln nicht akzeptieren. Die Teilnahme ist für die Beschuldigen freiwillig. Allerdings drohen ihnen im Falle einer Ablehnung Sanktionen durch die Schule in Form von erzieherischem Einwirken oder Ordnungsmaßnahmen nach dem Schulgesetz (§53). Das Projekt ist in dieser Form bundesweit einmalig.

Zu den Regelverstößen, die vor den Schulschiedsstellen verhandelt werden können, zählen:
- Fehlverhalten gegenüber Mitschülern, wie z. B. Gewalt, Mobbing, Beschimpfungen, herabwürdiges Verhalten
- Fehlverhalten gegen Lehrkräfte, wie z. B. Beschimpfung, Verleumdung
- Beschädigung von Eigentum
- Rangeleien im Schulbus
- unentschuldigtes Fernbleiben vom Unterricht

Die Sanktionen sollen in unmittelbarem Zusammenhang zu dem Fehlverhalten stehen und bewirken, dass die Beschuldigten ihren Fehler einsehen. Mögliche Sanktionen können sein:
- eine Entschuldigung, ggf. auch öffentlich
- Wiedergutmachung durch max. 20 Sozialstunden. So können Reinigungsarbeiten auf dem Schulgelände o. Ä. erledigt werden.
- Schadensersatz aus dem Taschengeld
- Handyverbot

Bei den Verhandlungen der Schulschiedsstellen sind neben dem Schüler-Team immer eine Sozialpädagogin oder ein Sozialpädagoge anwesend. Die Eltern der oder des Beschuldigten können anwesend sein. Bei Bedarf wird auch das Opfer eingeladen. Die Verhandlungen sind öffentlich.

Eine Schulschiedsstelle setzt sich aus drei Schülerinnen und Schülern verschiedener Schulformen zusammen, die vorab für diese Aufgabe 40 Stunden lang vorbereitet wurden. Sie haben die Grundlagen des Straf- und Schulrechts kennengelernt, Gesprächsführung trainiert und gelernt, mit Sanktionen adäquat auf Regelverletzungen zu reagieren.

Text 2

Statement der Schulministerin

„Wenn Kinder und Jugendliche sich etwas zuschulden kommen lassen, müssen ihnen rasch die Grenzen aufgezeigt werden.

Wir dürfen Fehlverhalten nicht tolerieren, wenn wir ein Abgleiten verhindern wollen. Der positive Einfluss Gleichaltriger kann dabei oft mehr erreichen als die Einwirkung Erwachsener“, sagte Schulministerin Barbara Sommer.

wortstark 9
Werkstattheft

Lösungsteil

Dieser Lösungsteil gehört ______________________________

Im Lösungsteil findest du Originaltexte und zu vielen Aufgaben Lösungen. Aufgaben, zu denen es Lösungen gibt, sind im Werkstattheft durch grüne Aufgabennummerierung gekennzeichnet.

Lies genau, was du geschrieben hast!

Bevor du ein Arbeitsergebnis mit dem Lösungsteil überprüfst, lies noch einmal nach, was du wirklich geschrieben hast – nicht, was du schreiben wolltest. Sprich beim überprüfenden Lesen deutlich und langsam mit – wenn du allein bist, mit Murmelstimme.

Fehler und Textschwächen markieren!

Markiere beim überprüfenden Lesen, wo du etwas ersetzen oder ergänzen willst. Probiere anschließend verschiedene Möglichkeiten aus.

Lies noch einmal im Zusammenhang!

Lies nach jeder Berichtigung jeweils die Textteile, die vor und nach der berichtigten Textstelle liegen. Klingt der Text nun besser? Ist er genauer und anschaulicher?

Rechtschreib-, Zeichensetzungs- und Grammatikfehler entdeckst du in deinem eigenen Text am besten, wenn du ihn noch einmal in einem zeitlichen Abstand überprüfst und dabei besonders auf die sprachlichen Schwächen achtest, die du von dir kennst.

Wichtig: Während du deine Lösungen überprüfst, frage dich auch, was du jetzt gut kannst, womit du dich weiter beschäftigen, was du wiederholen und üben musst, weil du es noch nicht gut verstanden oder schon wieder vergessen hast:

Worauf muss man beim Argumentieren besonders achten?

Wie werden Verben und Adjektive zu Nomen?

Wie wird das Passiv gebildet?

Was leisten Konjunktiv und Indikativ?

…

Tipp: Notiere Schreibregeln und Begriffe, die besonders wichtig sind oder deren Bedeutung du vergessen hast, in Kurzform auf Zetteln oder in einem Merkheft, damit du sie immer mal wiederholen und mit ihnen üben kannst. Du findest sie in den Regelkästen deines Werkstattheftes und Schülerbandes. Die Bedeutung vieler Fachbegriffe wird im Anhang des Schülerbandes erklärt.

Seite 4:

1 Du musst in beiden Fällen Sätze umformen.

2 Bei Arbeitsauftrag (b) fehlen erklärende Hinweise.

3 Die Bedeutung der folgenden Fachausdrücke musst du kennen: Aktivsatz, Passivsatz, Objekt, Subjekt.

4 Du musst aus dem Text Wörter und Wortformen heraussuchen.

5 Beispiel: (e)

6 In den Beispielen (d) und (e) musst du nicht nur Wörter und Wortformen heraussuchen. Du musst auch darstellen und deuten, was durch die Wörter und Wortformen zum Ausdruck gebracht wird.

Seite 5:

7 Du musst in den Beispielen (f) und (g) wichtige Sätze und Aussagen der Beteiligten im Text suchen und kenntlich machen.

8 Beispiel (f) (Schreibe … heraus.)

9 Bei wörtlicher Textwiedergabe musst du die Textstellen wortwörtlich herausschreiben und in Anführungszeichen setzen. Bei der sinngemäßen Wiedergabe einer Textstelle formulierst du mit eigenen Worten, ohne dass sich der Sinn der Textstelle verändert.

10 Du musst in beiden Beispielen (h) und (i) deine Einstellung (denkst …), deine Meinung (… meinst …) formulieren.

11 Beispiel (h) (Ergänze …). Weitere Arbeitsschritte: deine Meinung zu den Tattoos festlegen, Argumente für die Meinungsbegründung auswählen und ordnen, die Argumente im Hauptteil darlegen und mit Beispielen versehen, eine Einleitung und einen Schluss formulieren.

12 Beispiel: (i). Hier brauchst du nur deine Meinung aufzuschreiben und sie mit einigen Sätzen zu begründen.

Seite 6:

1 Das Gedicht handelt vom menschlichen Leben, von der Bedeutung der Zeit in verschiedenen Situationen des menschlichen Lebens, von der Sehnsucht der Menschen, die Zeit „in den Griff zu bekommen" bzw. den Lauf der Zeit zu verstehen.

Seite 7:

3 Vorschläge: von der Liebe, von der Sehnsucht, vom Leben, vom Arbeiten, von der Langeweile, von der Vorfreude, von der Angst.

4 Die Uhr geht vor: Die Uhr zeigt nicht die genaue Zeit an.
Die Uhr ist stehengeblieben: Die Uhr funktioniert nicht mehr.
Die Uhr schlägt Mittag: Es ist 12 Uhr mittags.
Meine innere Uhr sagt mir …: Ich habe ein ziemlich genaues Zeitgefühl.
Die biologische Uhr des Menschen tickt: Alle Menschen werden älter.
Seine Uhr ist abgelaufen: Er muss sterben.
In Afrika ticken die Uhren anders: In Afrika gelten andere Maßstäbe, andere Regeln als hier.
Du weißt, was die Uhr geschlagen hat: Du weißt, wie deine Lage jetzt wirklich ist.
Die Raststätte ist rund um die Uhr geöffnet: Die Raststätte ist durchgehend 24 Stunden geöffnet.
Das Auto läuft wie ein Uhrwerk: Das Auto fährt mit größter Präzision und reibungslos.

Seite 8:

1 Satzmuster in den Zeilen 1–24: Ich … mich.
Auffälligkeiten in den Zeilen 19, 23, 24:
Hinzufügung von „etwas", „sehr", „schnell"

Seite 10/11:

1 a) Die Geschichte spielt im Libanon, in der Stadt Beirut.
b) Der Ich-Erzähler könnte ein kleiner Junge sein, so um die zehn Jahre alt.
c) Der Junge liebt das Meer.
d) Die Mutter hat eine fürchterliche Angst vor dem Meer.
e) Der Junge geht trotz des Verbots seiner Mutter immer wieder ans Meer.
f) Beim ersten Mal überführt ihn die Mutter, weil sein Gesicht sonnenverbrannt ist.
g) Beim zweiten Mal überführt sie ihn, weil er Sand in den Schuhen hat.
h) Beim dritten Mal überführt sie ihn, weil seine Haut nach Meersalz schmeckt.
i) Zur Strafe gibt es keinen Nachtisch für den Jungen.
j) Beim dritten Mal erhält er eine doppelte Portion Vanilleeis.

Seite 12:

1 Die schwarzen Amseln begründen ihr aggressives Verhalten damit, dass die blaue Amsel anders ist als sie selbst. Im übertragenen Sinne geht es um Menschen, die anders sind als das, was als normal gilt, und die deswegen ausgegrenzt, diskriminiert, verfolgt und angegriffen werden.

Seite 14–17:

In der Geschichte geht es um einen farbigen Jungen namens Manu, der etwa 14 bis 16 Jahre alt ist und wegen seiner Hautfarbe in der U-Bahn von einigen deutschen Männern angemacht worden ist. Jetzt hat er Angst, auf seinem Weg zum Training erneut die U-Bahn zu nehmen, weil er beim letzten Mal erlebt hat, dass die anderen Fahrgäste einfach weggucken und so tun, als ob sie nichts sehen und hören. Hilde ist seine Mutter, zu der er aber kein besonderes Vertrauensverhältnis hat. Der Text regt an, über die Frage nachzudenken: Soll man eingreifen oder wegschauen, wenn man Zeuge einer Gewalttat wird?

Seite 19:

1

Randbemerkungen	Zeile(n)
– keine Einleitung – Ort? Personen? – Er-Form – Gedanken	Z. 1
– sie drängt zur Eile – wörtliche Rede	Z. 5
– Andeutung: Angst (wovor?)	Z. 12
– misstrauisch: sie weiß nichts von seiner Angst	Z. 30
– will er sie nicht beunruhigen?	Z. 31
– Rückblick, Erinnerung; andere Zeitform – will sich selbst beruhigen	Z. 52
– Schimpfwort für dunkle Hautfarbe, Beleidigung	Z. 60
– genaue Beschreibung, unsympathisch	Z. 60
– wieder Beleidigung	Z. 67
– Stephen King: Thrillerautor	Z. 71
– keiner hilft	Z. 74
– immer bedrohlicher	Z. 76
– Gegensatz: Anspannung – beruhigt sich immer noch selbst	Z. 77–79
– Andeutung (Was würde sich ergeben?)	Z. 85
– offener Schluss, unklar: Erinnerung oder aktuelle Situation?	Z. 87
– Überschrift: Gegensatz zum wirklichen Geschehen	

2 Einleitende Informationen:
- Textart
- Titel
- Autor(in)
- Hauptperson(en)
- Situation der Personen
- Ort des Geschehens
- Zeit des Geschehens
- Handlung, Geschehnisse

3 Möglicher Text:
... Während der U-Bahn-Fahrt erinnert er sich an eine bedrohliche Situation bei der letzten Fahrt. Da wurde er wegen seiner Hautfarbe von drei angetrunkenen Männern beleidigt und bedroht.

Seite 20:

4 Formulierungsvorschläge:
– Das sieht man daran, dass er nur kurze, ausweichende Antworten gibt. Andererseits kommen aber auch aggressive Gedanken auf, weil sie nichts von seiner Situation weiß.

– Sie nennen ihn „Dachpappe", sprechen von seinem „schwarzen Arsch" und machen sich mit erfundenen afrikanischen Lauten über ihn lustig.

– Es wird nur angedeutet, dass sie etwas tun wollen. Das wirkt aber besonders bedrohlich.

Seite 29:

2 Ausschnitte aus dem Wochenbericht von der zweiten Praktikumswoche

A In der zweiten Woche konnten Nancy und ich schon viel selbstständiger arbeiten. Am Montag reparierte ich zuerst Frau Münsters Rollstuhl, das war ziemlich kompliziert. Aber meine Hauptaufgabe bestand darin, mit den Bewohnern die Freizeit zu gestalten. Ich spielte mit ihnen und las ihnen aus der Zeitung vor.

B Die täglichen Pflege- und Hilfsdienste waren immer gleich. Nachdem wir beim Aufstehen und Anziehen geholfen hatten, räumten wir die Zimmer auf. Später halfen wir beim Essen und räumten das Geschirr ab. Sobald wir damit fertig waren, gingen wir mit den Bewohnern einkaufen.

C Am Freitag durften wir wieder mit Heike und Werner Medikamente zusammenstellen. Diese waren für jeden Bewohner vom Arzt verordnet. Es gab dafür spezielle Boxen mit kleinen Schubfächern für jeden Wochentag.

D Am Nachmittag ging ich oft mit Herrn Nordhoff spazieren oder ich begleitete ihn beim Einkaufen. Das war eigentlich ganz witzig, weil er immer einen Scherz auf Lager hatte. Jedes Mal hat er der Kassiererin im Supermarkt seinen Lieblingswitz erzählt. Ich mochte Herrn Nordhoff sehr, obwohl er wegen seiner Krankheit auch ziemlich vergesslich war und ich ihm eigentlich immer sagen musste, was er einkaufen sollte.

Seite 31:

3 – In der letzten Woche hatte ich die Gelegenheit, ein Tattoostudio zu besuchen. Dabei wurde mir klar, dass man es sich doch gut überlegen sollte, ob man sich ein Tattoo stechen lassen soll.
– Es ist heute zu einer richtigen Mode geworden, sich an den unterschiedlichsten Körperstellen tätowieren zu lassen.
– Wenn man die veröffentlichten Zahlen berücksichtigt, so muss man feststellen, dass in der letzten Zeit immer mehr Menschen Tattoos als Körperschmuck bevorzugen.
– Immer wieder begegnet uns die Frage, ob man für einen Modetrend seinen Körper dauerhaft mit Tattoos verändern soll.
– Manche meinen, dass ein Tattoo ein attraktiver und unbedenklicher Körperschmuck ist.

Seite 32:

4 Zusammen gehören:
(1) und (F); (2) und (E); (3) und (D); (4) und (G); (5) und (B); (6) und (C); (7) und (A)

Seite 34:

1 (a) du beisst – Tipp 3: bei-ßen
(b) Gaß – Tipp 3: Ga-se
(c) aussen – Tipp 2: au-ßen und Tipp 8: nach au (Zwielaut) nie ss
(d) Eiweis – Tipp 5: Ei+weiß und Tipp 3: wei-ßer
(e) Kongres – Tipp 3: Kongres-se
(f) gütich – Tipp 3: gü-tige
(g) eklich – Tipp 8: das l gehört zum Stamm: *Ekel* wie bei *Nebel*, deshalb: Ekel + ig – eklig, Nebel + ig – neblig
(h) zersteuben – Tipp 6: zerstäuben mit äu – stauben
(i) greulich – Tipp 6: gräulich – grau
(j) Ungehäuer – Tipp 8 / Tipp 6: Wie bei *meutern* und *streuen* kein verwandtes Wort mit au.

Seite 35:

2 (a) ~~fahrradfährt~~, ~~neben herlaufen~~ / ~~nebenher laufen~~, (b) ~~das aufstehen~~ / ~~heute morgen~~ / ~~schwergefallen~~, (c) ~~fest gelegt~~, (d) ~~Wißt~~ / ~~das neuste~~, (e) ~~rechnen~~ / ~~As~~, (f) ~~Rad fahren~~ / ~~radfahren~~ / ~~schwimmen~~ / ~~laufen~~ / ~~Zäheit~~, (g) ~~Quentchen~~ / ~~quäntchen~~ / ~~quentchen~~, (d) ~~das~~, (i) ~~Dass~~, (j) ~~Das~~, (k) ~~Das~~ /~~schlechtausgefallen~~ / ~~schlecht aus gefallen~~, (l) ~~zweiten~~ / ~~dass~~

3 Stil (des Baus), Stil, Stiel (des Besens), stiehlt, stiehlt; wieder, erwidert, Widersprüche, wider, wieder; zweimal, Denkmal, Mahl

Seite 37:

2 ~~Schiffahrtswege~~ – Schifffahrtswege, Kanarischen – ~~kanarischen~~, ~~untersuchung~~ – Untersuchung, Frequenzbereich – ~~Frequensbereich~~, ~~Gehör geschädigt~~ – gehörgeschädigt, ~~Gereusch~~ – Geräusch, zufolge – ~~zu Folge~~, ~~Kolisionen~~ – Kollisionen, Folgen – ~~folgen~~, weitaus – ~~weit aus~~, ~~zuhören~~ – zu hören, ~~Zu dem~~ – Zudem, Kommunikation – ~~Komunikation~~, ~~aussterben~~ – Aussterben, ~~ackustische~~ – akustische, Signale – ~~Siegnale~~, ~~reflektirt~~ – reflektiert, orientieren – ~~orientiren~~

Seite 38:

1 (a) Seemannsspr. – Seemannssprache, engl. – englisch, Plur. – Plural, bes. – besonders, nordd. – norddeutsch, landsch. – landschaftlich, südd. – süddeutsch, österr. – österreichisch, ugs. – umgangssprachlich
(b) Ein untergesetzter Punkt kennzeichnet die kurze betonte Silbe. Ein untergesetzter Strich kennzeichnet die lange betonte Silbe.
(c) Die senkrechten Striche dienen zur Angabe der möglichen Worttrennungen am Zeilenende.
(d) Der waagerechte Strich vertritt das unveränderte Stichwort und muss beim Lesen an dieser Stelle eingesetzt werden.
(e) du gössest
(f) Präsens, ~~Futur I~~, ~~Plusquamperfekt~~, ~~Partizip Präsens~~, Partizip Perfekt, ~~Konjunktiv I~~, Konjunktiv II, Präteritum, Imperativ Singular, ~~Imperativ Plural~~
(g) Giersch ist ein Wiesenkraut, grammatisches Geschlecht: männlich: der Giersch, mögliche Genitivformen: des Giersches, des Gierschs
(h) Die runden Klammern schließen Erklärungen und Hinweise zum heutigen Sprachgebrauch ein. Sie enthalten auch Aussagen darüber, ob es sich um einen umgangssprachlichen Ausdruck handelt und in welcher Gegend er vor allem benutzt wird.
(i) Die Begriffe haben jeweils zwei unterschiedliche Bedeutungen.
(j) Die Aussprachebezeichnung steht beim Wort *Giengen.* Die phonetische Schreibung weist darauf hin, wie das Wort auszusprechen ist: Es wird anders gesprochen als geschrieben!

Seite 39:

3 des Atlas, des Atlasses; eines Kaktus (ugs. auch eines Kaktusses); des Lexikons, Kakteen (ugs. auch Kaktusse), Kommas, Kommata; Lexika, Lexiken; Urlaube; Alben

Seite 40:

1 40-Jähriger nimmt nächtelang vom Auto Abschied
Aus Schmerz über den bevorstehenden Verkauf seines Autos hat ein 40-jähriger Mann im oberbayerischen Altötting mehrere Nächte in seinem Gefährt verbracht. Wie die Polizei mitteilte, war der Mann im parkenden Auto einer Anwohnerin aufgefallen, weil er sich duckte, wenn sie vorbeiging. Bei einer Kontrolle sagte der Mann, er müsse sich aus finanziellen Gründen von seinem treuen Ford trennen. Um Abschied zu nehmen, verharre er in dem Wagen. Die Beamten empfahlen dem Mann, seinen Schmerz daheim auszuleben, was er dann auch tat.

2

Artikel	Pronomen	Präposition + versteckter Artikel
die , das, der, ein, den, dem	mein, dein, sein, deinem, unser, euer, meinen, ihr	am, beim, zum, vom, aufs, ins

3 Versöhnung – versöhnen, Hindernis – hindern, Bedeutung – bedeuten, Gesundheit – gesund, Verdeutlichung – verdeutlichen, Feuchtigkeit – feucht, Wirklichkeit - wirklich, Allgemeinheit – allgemein, Verständnis – verständigen, Nachlässigkeit – nachlässig, Versäumnis – versäumen, Klarheit – klar

Seite 41:

1 nominalisierte Adjektive: sein Gutes, viel Gesundes, die Älteren, wenig Bekanntes, das Wunderbare, ins Ungewisse, nichts Natürliches
nominalisierte Verben: das Reisen, vom Reisen, umweltfreundliches Reisen, unser Zusammenleben, beim Fotografieren, ihr Auftreten, erfreuliches Wiedersehen, freundliches Winken

Seite 41:

2

nominalisierte Verben und Adjektive mit Artikel	nominalisierte Verben und Adjektive mit Pronomen	nominalisierte Verben und Adjektive mit versecktem Artikel	nominalisierte Verben und Adjektive mit Adjektiv	nominalisierte Adjektive mit Mengenwort
das Reisen die Älteren das Wunderbare	sein Gutes unser Zusammenleben ihr Auftreten	vom Reisen beim Fotografieren ins Ungewisse	umweltfreundliches Reisen erfreuliches Wiedersehen freundliches Winken	viel Gesundes wenig Bekanntes nichts Natürliches

Seite 42:

1 zum Aufheizen, sorgfältigem Reinigen, dem Einwickeln, zum Backen, das Zubereiten, dem Waschen und Trocknen, zum Verrühren und Würzen, dem Backen, Zum Servieren, dem Einschneiden

2 (a) Gestalten, (b) Suchen, Ausbauen, Austauschen, (c) Modellieren, Aufbauen, Einformen, Gießen, (d) Bearbeiten, Drehen, Durchbohren, Schleifen, Polieren, Lackieren, Einbauen

Seite 43:

2 (a) der Dumm**e**: a, (c) Etwas Dümmer**es:** b, (f) einen Dumm**en:** a

3 (a) hart auf hart, (b) die Härte, (c) ins Schwarze, (d) gähnende Leere, (e) mit dem falschen Bein, (f) nichts Gutes, (g) den Falschen, (h) schwarz vor Augen, (i) etwas besonders Kluges, (j) nicht klug geworden, (k) den Kleinen, das Blaue, (l) Im Allgemeinen, viel Wahres

Seite 44:

2 (a) schwerste, (b) gelben, (c) neue, alte, (d) Schwerere, größere, (e) schönste

3 das schwerste Land-Säugetier, die gelben Rosen, das neue Glück, das alte Glück, das größte Gewicht, die schönste Woche

Seite 45:

1 (a) die neue Mode, die Neue Welt (Amerika), das Neue Testament
(b) die westfälische Landschaft, der Westfälische Friede
(c) das stille Wasser, das stille Kind, der Stille Ozean
(d) das Rote Meer, das rote Kleid, der Rote Platz (in Moskau)
(e) der Erste Mai, der Erste Weltkrieg, das Erste Programm
(f) der Gelbe Fluss (in China), die gelbe Karte, das gelbe Tuch
(g) die großen Ferien, der Große Bär (Sternbild)
(h) das ewige Eis, das ewige Leben, die Ewige Stadt (Rom)
(i) die Rote Beete, der rote Faden, das Rote Kreuz (Organisation)
(j) die grüne Lunge, die Grüne Insel (Irland), die grüne Welle

2 heute, morgens, Nachmittags, Abend, Nachmittag, nachts, morgen Abend, Mittag, nachmittags, übermorgen, Nacht, übermorgen

3 Nomen: (des) Nachmittags, Abend, Nachmittag, (morgen) Abend, Mittag, Nacht
Adverbien: heute, morgens, nachts, morgen, nachmittags, übermorgen

Seite 46:

1 a) festhalten, b) fest halten, c) schönfärben, d) schön färben e) gut machen, f) gutmachen, g) schwergefallen, f) schwer gefallen

2 Zum Beispiel:

Könnt ihr nicht mal ein bisschen flott machen?
In der Werkstatt wird der defekte Wagen wieder flottgemacht.

In diesen festen Schuhen kann man sicher gehen.
Um sicherzugehen, haben wir noch einmal nachgerechnet.

Mit der geschwollenen Lippe kann er nur schief lachen.
Über diesen Witz könnte ich mich schieflachen.

Du musst das Tau ganz fest in die Hand nehmen.
Die Polizei wird den Einbrecher festnehmen.

Seite 47:

2 Zu + Verb wird zusammengeschrieben, wenn das zu betont wird.

3 (a) zu stoßen, (b) zulassen, (c) zutrauen, (d) zu trauen, (e) zu kommen, (f) zustoßen, (g) zu lassen, (h) zu winken. (i) zukommen, (j) zugekommen

Seite 48:

3 Fremdwörter oft mit ll, mm, nn ...: Akkusativ, Attribut, Passiv, Suffix
Fremdwörter mit k statt ck: Adjektiv, Aktiv, Dialekt, Objekt, Perfekt, Subjekt
Fremdwörter oft mit ph, rh, th: Metapher
Fremdwörter oft mit i statt ie im Wortinnern: Adjektiv, Akkusativ, Aktiv, Artikel, Attribut, Dialekt, Genitiv, Imperativ, Indikativ, Infinitiv, Passiv, Prädikat

Seite 49:

1 die richtige Schreibweise:
(1) Du bist zwar klein, aber nicht der Kleinste.
(2) Das Teuerste ist ihm gerade gut genug.
(3) Die neue Aufnahme wird die erfolgreichste.
(4) Das Wesentliche zuerst: Kommst du am Sonntag?
(5) Bringt etwas Warmes zum Trinken und warme Kleidung mit.
(6) Im Großen und Ganzen gibt es nichts Erzählenswertes zu berichten.
(7) Der Erste Mai ist ein historischer Tag. Am ersten April neckt man sich.
(8) Ich möchte dich heute wiedersehen. Wir können uns mittags treffen.
(9) Die Vermissten wurden erst nach endlosem Suchen gefunden.
2 ~~Labyrint~~ – Labyrinth, ~~Akusativ~~ – Akkusativ, Globusse – ~~Globuse~~, ~~Krokodiel~~ – Krokodil, ~~Baterie~~ – Batterie, ~~Kariere~~ – Karriere, ~~Program~~ – Programm, ~~Gardiene~~ – Gardine, Dativ – ~~Datiev~~, ~~Gulli~~ – Gully, Ballade – ~~Balade~~, ~~Kriese~~ – Krise, ~~Razia~~ – Razzia, Kommentar – ~~Komentar~~, ~~Kantiene~~ – Kantine, ~~korekt~~ - korrekt

Seite 50:

2 Nomen: Trost, Langweile, Durst – Trotz, Laut, Dank, Jenseits
Verben: trösten, trauern, träumen – blüht
Adjektive: schön, langweilig, traurig – laut
Pronomen: unsere, wir, niemand, du – dieser
Adverbien: dann, erstens, niemals – immer, meinetwegen
Konjunktionen: denn, obwohl, sodass
Präpositionen: unter, über, durch, auf – trotz, laut, dank, jenseits

Seite 51:

1
1. Wir wanderten in der (Adjektiv:) letzten Woche (Präposition:) in die Berge.
2. Der Weg führte (Adverb:) immer bergauf.
3. Es ging (Adjektiv:) steil (Präposition:) durch den Wald hinauf.
4. Wir schwitzten, (Konjunktion:) denn es wurde (Pronomen:) uns heiß.
5. Als wir (Adverb:) oben aus dem Wald traten,
6. (Verb:) sahen wir die Berge über uns (Verb:) liegen.
7. Wir machten erst einmal (Nomen:) Rast,
8. (Konjunktion:) weil wir (Pronomen:) alle Durst hatten.
9. (Adverb:) Danach ging es (Adjektiv:) weiter.
10. (Adjektiv:) Plötzlich sahen wir (Pronomen:) einige Steinböcke.
11. Das war eine (Adjektiv:) große (Nomen:) Überraschung!
12. (Pronomen:) Jeder wollte (Pronomen:) sie (Adverb:) sogleich fotografieren.
13. Aber da waren die (Nomen:) Tiere (Adverb:) wieder verschwunden.

2 Nomen: Auslöser, Bild, Klasse
Verben: gedrückt, haben, vergrößert, ausgehängt
Adjektive: schnell
Adverbien: nur, glücklicherweise, dann
Präpositionen: in
Konjunktionen: und
Pronomen und Artikel: einer, den, sein, wir, der

Seite 52:

1

Infinitiv	Präsens	Imperativ	Präteritum	Konjunktiv II	Partizip II
geben	du gibst	gib!	er gab	er gäbe	(er hat) gegeben
lesen	du liest	lies!	er las	er läse	gelesen
sehen	du siehst	sieh!	er sah	er sähe	gesehen
essen	du isst	iss!	er aß	er äße	gegessen
treten	du trittst	tritt!	er trat	er träte	getreten
treffen	du triffst	triff!	er traf	er träfe	getroffen
befehlen	du befiehlst	befiehl!	er befahl	er beföhle	befohlen
helfen	du hilfst	hilf!	er half	er hülfe	geholfen
messen	du misst	miss!	er maß	er mäße	gemessen
nehmen	du nimmst	nimm!	er nahm	er nähme	genommen
sprechen	du sprichst	sprich!	er sprach	er spräche	gesprochen
stehlen	du stiehlst	stiehl nicht!	er stahl	er stähle	gestohlen
verderben	du verdirbst	verdirb nicht!	er verdarb	er verdürbe	verdorben
werfen	du wirfst	wirf!	er warf	er würfe	geworfen

Seite 53:

1 Der Zug lief ein.
Schon lange hatte Laura gewartet.
Nun kam der Zug endlich!
Das wird aber auch höchste Zeit!
Ob Justus wohl mitkommen wird?
Versprochen hat er es ihr jedenfalls.
Die Reisenden stiegen aus.
Doch Justus kam nicht.
Er hat doch wohl den Zug nicht verpasst?
Plötzlich sieht Laura jemanden winken.
Das wird er wohl sein.
Und tatsächlich, er war es!
Und da rennt sie ihm auch schon entgegen.
Die beiden fallen sich in die Arme.
Dann gingen sie die Treppe hinunter.
Es ist alles gut gegangen!
Und Laura hat Glück gehabt.

Seite 54:

1 Die Übertragung in die indirekte Rede könnte etwa so aussehen:

Auf die Frage des Richters, ob sie im Gerichtssaal den Mann wiedererkenne, den sie bei seiner Flucht beobachtet habe, wies die Zeugin auf den Angeklagten und sagte, dies sei der Mann. Der Verteidiger fragte, wie sie so sicher sein könne, da es doch zum fraglichen Zeitpunkt schon fast dunkel gewesen sei. Darauf antwortete die Zeugin, der Mann sei nur wenige Meter vor ihr vorbeigelaufen. Der Angeklagte habe aber angegeben, so der Verteidiger, dass auf der Straße niemand gewesen sei. Darauf lachte die Zeugin. Er könne sie auch nicht gesehen haben, da sie hinter einer Hecke gestanden habe. Von dort aus habe sie alles genau beobachtet.

Seite 55:

1 So etwa könnte der Text fortgesetzt werden:

Der Verteidiger fragte die Zeugin, ob denn jemand bezeugen könne, dass sie überhaupt an jenem Abend auf der Straße gewesen sei. Da sagte die Frau, dass sie von zwei Jugendlichen gesehen worden sei. Diese erinnerten sich tatsächlich an die Frau und gaben an, dass sie sie gesehen hätten. Sie habe ihnen zugerufen, dass da einer soeben aus dem Laden gerannt sei. Daraufhin hätten sie den Flüchtigen verfolgt, der sei ihnen aber entkommen. Der Richter sagte, dass die Sache nun klar sei. Der Angeklagte wurde zu einer Geldstrafe verurteilt, nachdem er noch bemerkt hatte, dass er zwar aus dem Haus gelaufen sei; den Diebstahl könne man ihm aber nicht beweisen.

Seite 56:

1 hätte, wäre, würde, mitnähme, schösse, läse, wegäße, abgäbe, aussähe, spräche, träte, würfe, dürfte, könnte, hieße, läge

2 haben würde, sein würde, werden würde, mitnehmen würde, schießen würde, lesen würde, wegessen würde, abgeben würde, aussehen würde, sprechen würde, treten würde, werfen würde, dürfen würde, können würde, heißen würde, liegen würde

Seite 57:

1 Die Mutter sagte zu ihrer Tochter Paula:
„Ich werde sie nicht allein in die Stadt lassen!
Yvonne spricht doch kaum ein Wort Deutsch.
Nehmen wir an, sie verliefe sich und sie würde jemanden nach dem Weg fragen!
Sie wüsste nicht, wie sie das machen sollte.
Sie verstände/verstünde ja kein einziges Wort.
Oder man würde ihr die Handtasche stehlen.
Sie hätte ja keine Ahnung, an wen sie sich dann wenden sollte.
Oder sie fände die Bushaltestelle nicht mehr.
Dann käme sie wer weiß wie spät nach Hause.
Nein, die Gefahr wäre mir zu groß."
Yvonne hatte zwar nichts verstanden, aber sie hatte die Sorgen der Mutter bemerkt.
Sie zeigte auf den Stadtplan, den sie in der Hand hatte, und lachte: „Es wird schon gehen!"

Seite 58:

1 wäre, benähme, würde befehlen, spräche an, läse ab, wünsche, gäbe, ließe, ginge, würde schleppen, zöge an, ist, vorkommt, wäre, bekäme, würde sagen, verderbe, sei, würde zutrauen, gäbe, würde stellen, können zählen, wäre, vermiede, würde lernen, unterscheiden kann, lüde ab, wäre, hätte

2 Verben im Indikativ: ist, vorkommt, können zählen, unterscheiden kann

Verben im Konjunktiv I: wünsche, verderbe, sei

Verben im Konjunktiv II: wäre, benähme, spräche an, läse ab, gäbe, ließe, ginge, zöge an, wäre, bekäme, gäbe, wäre, vermiede, lüde ab, wäre, hätte

Verben in der würde-Form: würde befehlen, würde schleppen, würde sagen, würde zutrauen, würde stellen, würde lernen

Seite 59:

1, **2** **Die besten Bratkartoffeln!**
Zuerst werden die Kartoffeln geschält.
Dann werden sie in dicke, große Würfel geschnitten.
Wasser wird zum Kochen gebracht.
Die Kartoffeln werden im kochenden Wasser drei Minuten lang blanchiert.
Dann werden sie in einem Sieb abgekühlt, bis sie trocken sind.
In einer Pfanne mit Olivenöl werden die Kartoffeln angebraten.
Danach werden sie mit Pfeffer und Salz gewürzt.
Petersilie wird grob gehackt.
Erst am Schluss wird sie unter die Kartoffeln gemischt.

Seite 61:

1 So könntest du die Satzglieder umstellen, damit ein besser lesbarer Text entsteht:
1. Im letzten Jahr veranstaltete unsere Klasse eine Fahrt nach Hamburg.
2. Dort wohnten wir in der Jugendherberge.
3. Am ersten Tag machten wir eine Hafenrundfahrt.
4. Dabei haben wir die großen Containerschiffe bestaunt.
5. Am zweiten Tag besichtigten wir den Hamburger Flughafen.
6. Anschließend besuchten wir Hagenbecks Tierpark.
7. Allerdings hassten wir dort das schreckliche Wetter.
8. Den ganzen Nachmittag hat es nämlich geregnet.
9. Aber das Aufregendste sollte erst am nächsten Tag kommen.

2

	Subjekt	Prädikat, 1. Teil	Adverbiale Bestimmungen	Objekte	Prädikat, 2. Teil
10	Tanja	fehlte	am nächsten Morgen.		
11	Keiner	fand	in ihrem Zimmer	sie.	
12	Einer	hatte	zum Glück	ihre Handy-Nummer.	
13	Eine merkwürdige Nachricht	kam	auf Lauras Anruf.		
14	Ein Hund	laufe	ständig / am Hafen	ihr	hinterher.
15	Tanja und ein Bernhardiner	kamen	endlich / in die Jugendherberge		herein.
16	Wir	beklatschten		den komischen Aufzug.	
17	Tanja	beschimpfte	aber / wie eine Furie	das „blöde Vieh".	
18	Der Herbergsvater	musste		das Tierheim	kommen lassen.

Seite 62:

1 Genitiv-Objekte: a, d, e, h, i
Attribute: b, c, f, g, j.

Seite 63:

1 Auf der Party
Als Torsten zur Party kam, wollte Claudia gerade weggehen.
Torsten hatte lange arbeiten müssen, sodass er nicht früher kommen konnte.
Doch Claudia war sauer, da/weil sie so lange auf ihn hatte warten müssen.
Obwohl/Obgleich sich Torsten bei Claudia entschuldigte, wollte sie gehen.
Während sie ihren Mantel anzog, bat er sie noch einmal zu bleiben.
Doch sie tat so, als ob er Luft für sie wäre.
Nachdem sie gegangen war, kam Claudias Freundin Verena auf ihn zu.
Bevor er sich's versehen hatte, nahm sie ihn schon in die Arme.
Sie fragte ihn, ob er mit ihr tanzen wolle.
Und das tat er dann auch, obgleich/obwohl er sie nicht besonders mochte.
Doch plötzlich stand Verena in der Tür, weil/da sie sich's anders überlegt hatte.
„Wenn du mich noch magst, dann tanz lieber mit mir!", sagte sie.

2 Die beiden blieben zusammen, bis die Party zu Ende war.
Nachdem sie die Party verlassen hatten, brachte Torsten Claudia nach Hause.
Sie fragte ihn noch: „Ich möchte ja nicht wissen, wie du mit Verena zurechtgekommen bist."
Er sagte: „Mit dir macht es einfach mehr Spaß, obwohl Verena auch ganz süß ist."

Seite 64:

Alleinerziehender Vater
a) 1: Vater, Tinchen, Lotte und der Dackel Fips sind eine Familie.
b) 3: Sie kommen gut zurecht, sie haben aber eine Menge Arbeit.
c) 3/4: Der Vater wickelt das Baby, und die vierzehnjährige Lotte sieht ihm am Morgen mit großer Aufmerksamkeit dabei zu.
d) 2/3/4: Dann bereitet er das Frühstück, toastet Brot, und Lotte deckt indessen den morgendlichen Frühstückstisch.
e) 3/4: Lotte füttert danach den Dackel, und den Vater hält nun nichts mehr vom Zeitungslesen ab.
f) 3/4: Dann macht sich Lotte auf den Schulweg, und die Kleine liegt im Kinderbett, und auf seiner Decke liegt der Dackel.
g) 2: Am Vormittag macht der Vater sauber, fährt mit dem Baby zum Einkaufen, arbeitet am Computer, kocht das Essen.
h) 3: Jetzt essen die beiden Mittag, Vater spült das Geschirr, Lotte hilft ihm beim Abtrocknen.
i) 3/4: Lotte macht dann die Hausaufgaben, und den Vorgarten bearbeitet der Vater, denn die Blumen müssen ja gepflegt werden.
j) 3/4: Der Dackel wartet indessen auf Lotte, und das Baby fängt plötzlich an fürchterlich zu schreien.
k) 3/4: Lotte macht erst das Baby sauber, und den Hund Fips führt sie danach Gassi, denn er muss dringend vor die Tür.
l) 3: So geht es jeden Tag, es ist viel zu tun (,) und einer hilft dem anderen.

Seite 65:

3 Bildung in Ländern der Dritten Welt
Wenn man den Südosten von Afrika auf der Landkarte sucht, findet man das Land Malawi.
Eine Statistik besagt, dass dieses Land zu den ärmsten der Welt zählt.
Erschreckend ist schon, dass die Lebenserwartung dort im Schnitt nur 38 Jahre beträgt.
Aber besonders betroffen macht, dass dort die Sterblichkeit der Kinder sehr hoch ist.
Nur wenige Kinder erhalten dort eine gute Schulbildung, weil die Klassen so schlecht ausgestattet sind.
Daher steht an oberster Stelle der UNICEF-Planung, dass in Malawi über 1000 Schulgebäude neu errichtet werden.
Damit die Schüler angemessen lernen können, will UNICEF auch die Schulen mit Lernmaterial ausstatten.
Auf dem Programm der UNICEF steht ganz obenan, dass die über 10.000 Waisenkinder Malawis eine ausreichende Schulbildung erhalten.

Seite 66:

1 Reisen
a) = 1: Menschen können viele Gründe haben, wenn sie in andere Länder reisen.
b) = 3: Man reist, weil man andere Kulturen kennen lernen möchte, in fremde Länder.
c) = 2: Weil Urlaub in einem fremden Land billiger ist, auch deswegen reisen viele dorthin.
d) = 1: Manche fahren in ein anderes Land, weil sie dort ihren Arbeitsplatz haben.
e) = 1: Es können also auch berufliche Gründe sein, die einen zum Reisen ins Ausland verpflichten.
f) = 1: Die meisten aber versprechen sich wohl von einer Reise ins Ausland, dass dort das Wetter einfach besser ist.
g) = 2: Da man gern am Strand liegen möchte, fährt man in ein Land mit viel Sonnenschein.
h) = 2: Wenn es dann mit dem Wetter doch nicht ganz stimmt, bieten die Reiseveranstalter oftmals andere Unterhaltungsmöglichkeiten an.
i) = 4: Man fährt am liebsten an Orte, an denen man auch die deutsche Sprache spricht, was das Wichtigste für viele zu sein scheint.
j) = 4: Es soll sogar Menschen geben, die nicht ins Ausland fahren, weil sie dort etwas Ungewohntes essen müssen.
k) = 2: Obgleich sie sich im Ausland befinden, wollen manche Menschen auch dort wie zu Hause leben.
l) = 1: Natürlich gibt es auch andere, die gerade auf die fremde Esskultur neugierig sind.
m) = 4: Die freuen sich schon darauf, dass man dort etwas bekommt, was sie nie zuvor gegessen haben.

Seite 67:

5 Jedes fünfte Kind hat zu wenig Wasser
Wenn man bedenkt, dass in Deutschland der Wasserverbrauch pro Kopf 130 Liter beträgt, wird einem klar, was es für über 400 Millionen Kinder bedeutet, wenn ihnen nicht einmal 20 Liter Wasser am Tag zur Verfügung stehen. Fast jedes fünfte Kind muss damit ohne das absolute Minimum auskommen, das jeder Mensch braucht, damit er genug für Nahrung und Hygiene hat. Die Folge ist, dass jeden Tag weltweit 4000 Kinder sterben, weil ihnen sauberes Trinkwasser fehlt. Am schlechtesten ist die Lage in jenen Ländern Afrikas, die südlich der Sahara liegen, wo 43 Prozent der Bevölkerung ohne sauberes Trinkwasser auskommen müssen. Jedes fünfte Kind in dieser Region stirbt, bevor es fünf Jahre alt wird. Die Hälfte der Weltbevölkerung muss ohne Latrine oder hygienische Abwasserentsorgung leben, sodass fast zwei Millionen Menschen, von denen die meisten Kleinkinder sind, jährlich an den Folgen sterben, die durch Durchfallerkrankungen verursacht werden. Weltweit ist der Anteil der Menschen, die ausreichend mit Trinkwasser versorgt sind, zwar von 77 Prozent im Jahre 1990 auf heute 83 Prozent gestiegen. Doch mehr als eine Milliarde Menschen schöpfen noch immer Trinkwasser, das aus Brunnen und anderen Gewässern stammt, die stark verschmutzt sind. Deswegen gehört es zu den wichtigsten Zielen der UNICEF, dass bis zum Jahr 2015 der Anteil der Menschen um die Hälfte gesenkt wird, die ohne sicheres Trinkwasser leben müssen.

Seite 68:

2 Abschnitt A: Verstoß gegen Regel b.
Abschnitt B: Verstoß gegen Regel d.
Abschnitt C: Verstoß gegen Regel a.
Abschnitt D: Verstoß gegen Regel c.

Seite 69:

3 Überarbeitungsvorschlag:

Abschnitt A:

Was sich in Heinrich Bölls Kurzgeschichte abgespielt hat, vermutlich in Irland, wo Böll selbst einmal lebte, das ist schon über 50 Jahre her. Aber es steht eine Wahrheit drin, die immer noch gilt.

Abschnitt B:

Diese Wahrheit steckt bereits in der Überschrift: Eine Arbeitsmoral, die nur von dem Gedanken an Arbeit und Geld bestimmt ist, ist falsch.
Da trifft der Tourist einen Fischer am Strand, der sich gerade hingesetzt hat, um sich in der Sonne auszuruhen. Natürlich reizt den Fremden das romantische Bild des vor sich hin träumenden Fischers. Deswegen fotografiert er ihn. Nachdem er mehrere Male auf den Auslöser gedrückt hat, kommen die beiden ins Gespräch. Das heißt, eigentlich ist es nur der Tourist, der auf den Fischer einredet. Er will ihm Folgendes klarmachen: Wenn man viel mehr Geld verdienen will, dann muss man öfter zum Fischen hinausfahren, statt den halben Tag zu dösen.

Abschnitt C:

Dann kann man sich eines Tages von dem Verdienten einen Kutter kaufen, dann ein Kühlhaus, ein Fischrestaurant usw. Wenn man das alles erworben hat, ist man reich und kann in der Sonne sitzen und such auf seinem Reichtum ausruhen.

Abschnitt D:

Der Tourist vertritt also die Ansicht, dass man so viel wie möglich arbeiten müsse, um sich eines Tages in der Sonne ausruhen zu können. Als der Fischer seine Rede beendet hat, sagt der Fischer, er tue es schon jetzt. Ob die Antwort des Fischers den Fremden überzeugt hat? Jedenfalls geht der Mann mit ein wenig Neid davon.

4 Begegnung mit einer Person

Als ich gestern Abend durch den Park ging, sah ich einen Jungen vor mir hertrotten.
Er mochte ungefähr 15 Jahre alt sein.
Mir fiel auf, dass er ziemlich müde aussah.
Über der Schulter schleppte er eine schwere Umhängetasche.
Gekleidet war er in eine rote Sportjacke.
Vermutlich kam er von irgendeinem anstrengenden Training.
Auf einmal drehte er sich blitzartig um.
Jetzt erst fiel mir auf, dass er braun gelockte Haare hatte.
Aus seinen dunklen Augen sah er mich aufmerksam an.
Für einen Augenblick öffnete er seine Lippen.
Gesagt hat er aber dann doch kein einziges Wort.
Ich dachte: Eigentlich hat er ein schönes Gesicht.
Er zuckte gleichgültig mit den Schultern, dann ging er weiter.
Schade, dachte ich, mit dem hätte ich mich gern einmal unterhalten.

Seite 72:

1 So könnte dein Kreisdiagramm aussehen. Natürlich könnten die Überschrift und die Erklärung zu den einzelnen Prozentangaben auch etwas anders lauten:

Verteilung des Wohlstands zwischen den Generationen – aus Sicht der jungen Generation

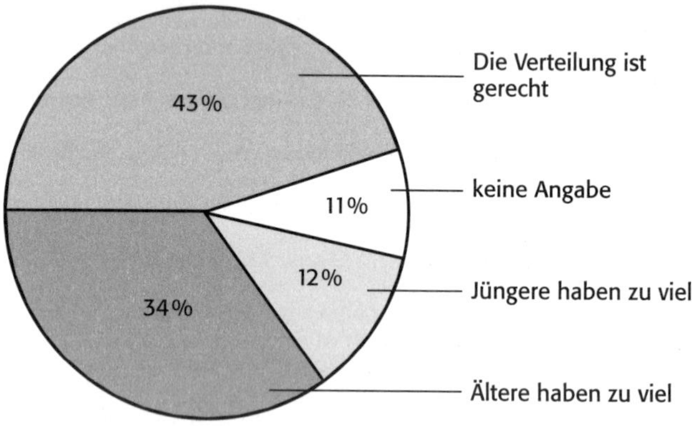

Seite 75:

3 Informationen im Text, zu denen es keine Angaben in der Grafik gibt:
– Entgegen einer verbreiteten Meinung waren 1998 (74 %) sogar weniger Jugendliche in Vereinen und Gruppen aktiv als heute (78 %).
– In Sportvereinen sind viel häufiger Jungen als Mädchen aktiv.

Seite 76:

1 1 – c, 2 – b, 3 – a, 4 – d